주식투자는
설렘이다

주식투자는 설렘이다

김학주 교수가 들려주는 필승 투자 전략

김학주 지음 ·

INVESTING IN
STOCKS IS A THRILL

메이트북스

메이트북스 우리는 책이 독자를 위한 것임을 잊지 않는다.
우리는 독자의 꿈을 사랑하고,
그 꿈이 실현될 수 있는 도구를 세상에 내놓는다.

주식투자는 설렘이다

초판 1쇄 발행 2023년 12월 15일 **| 초판 2쇄 발행** 2024년 1월 15일 **| 지은이** 김학주
펴낸곳 (주)원앤원콘텐츠그룹 **| 펴낸이** 강현규·정영훈
책임편집 안정연 **| 편집** 최주연 **| 디자인** 최선희
마케팅 김형진·이선미·정채훈 **| 경영지원** 최향숙
등록번호 제301-2006-001호 **| 등록일자** 2013년 5월 24일
주소 04607 서울시 중구 다산로 139 랜더스빌딩 5층 **| 전화** (02)2234-7117
팩스 (02)2234-1086 **| 홈페이지** matebooks.co.kr **| 이메일** khg0109@hanmail.net
값 18,000원 **| ISBN** 979-11-6002-417-3 03320

뛰어난 기업의 주식을 보유하고 있다면 시간은 당신 편이다.

• 피터 린치(월가의 전설적인 펀드매니저) •

주식은 많이 아는 사람이 이기는 게임입니다

우울, 불안의 근본 원인은 탐욕입니다. 말초신경을 건드릴 만한 무언가를 기대했다가 좌절될 경우 생기는 결과가 우울, 불안이라는 것이지요. 지난 200년간 인류는 산업혁명을 통해 얻은 도구를 손에 쥐고 놀라운 성장을 맛봤습니다. 이미 탐욕이 만연해 있고, 주식시장에서도 탐욕과 우울, 불안이 교차하는 모습이 보입니다. 건드리지 말아야 할 주식을 손에 대는 성급함, 팔지 말아야 할 주식을 처분해 버리는 조급함 모두 탐욕으로 인한 우울, 불안의 결과물입니다. 감사함을 모르는 것에서 비롯된 실수들이지요.

주식은 위험자산입니다. 많이 아는 사람이 잘할 수 있고, 잘 모르면 쉽게 탐욕에 빠져 낭패를 보는 위험한 투자 자산입니다. 그래서 개인들은 자신의 형편에 맞게 재산을 배분하는 큰 그림만 그리고, 구체적인 투자는 전문투자자에게 맡겨왔습니다.

그런데 '전문가'라는 사람들의 투자 성과조차 점점 실망스러워집니다. 주가지수조차 따라가지 못하는 경우도 허다합니다. 그 이유를 두 가지로 설명할 수 있습니다. 첫째, 기업이나 산업 본질적인 요인보다 금리와 같은 정책 변수가 증시에 더 큰 영향을 줍니다. 전문가가 통제할 수 없는 요인이 늘어난 것이지요. 둘째, 전문가들이 과거에 공부했던 산업이 사라지고 전혀 새로운 경제가 부가가치를 키워갑니다. 이 분야는 전문가나 개인이나 모르는 것은 마찬가지인 경우도 많아진 것이지요.

그래서 "차라리 내가 하겠다"라며 나서는 개인투자자가 증가합니다. 하지만 개인도 모르면 다치는 것은 마찬가지입니다. 어쩌면 훨씬 크게 다칠 것입니다. 증시는 개미라고 해서 봐주지 않습니다. 그렇다면 개인이 '스마트'해지는 수밖에 없습니다. 공부해야 합니다. 개인 투자의 긍정적 측면은 공부를 통해 '신성장 산업에 대한 시야를 넓혀주고, 그것이 (올바른 직업 선택 등) 삶에서도 성장할 수 있는 기회를 제공한다는 것'입니다. 돈은 소중합니다. 설령 그 돈을 잃더라도 '왜 잃었는지'를 이해한다면 아깝지 않은 수업료가 될 것입니다.

저는 대학에서 학생들을 가르칩니다. 물론 과거에는 전문투자자였고요. 가끔 학생들이나 투자를 처음 시작하는 분들이 투자에 도움이 되는 책을 추천해달라고 부탁합니다. 투자를 직업으로 생각하는 젊은이들에게는 미국 재무분석사(CFA) 시험 준비를 권합니다. 투자 전반의 이론을 섭렵할 수 있는 내용들이기 때문입니다. 그러나 실전 투자를 가장 빨리 습득할 수 있는 방법은 직접 해보는 것이지요. 넘어지고 다치더라도 자전거를 직접 타야만 자전거를 배울 수 있는 것처럼 말입니다.

시중의 많은 책들이 '과거의 경험'을 주로 이야기합니다. 그것도 분명히 도움이 됩니다. 그러나 이 책은 미래를 이야기합니다. "여러분이 어떤 상황을 만날 것이며, 그 해법으로 이런 것들이 있다"는 내용입니다. 투자를 할 때 직접적인 도움이 될 것입니다.

이 책의 서두에서는 투자를 쉽게 할 수 있음에도 왜 어렵게 되는지를 설명합니다. 또 기업가치를 분석하는 방법도 소개합니다. 이는 쉽지 않지만 어려운 것을 쉽게 설명하는 사람이 '일타 강사' 아니겠습니까? 저는 대한민국 최고의 애널리스트로 인정받았고, 지금도 그렇다고 자부합니다. 이 책의 중반부에는 미래에 놀라운 부가가치를 만들어줄 산업을 소개하는 데 많은 부분을 할애했습니다. 끝으로 개인투자자들이 투자에 있어 궁금해할 만한 내용과 여러분에게 드리고 싶은 조언들을 풀어 설명해드립니다.

차례

CHAPTER 2
싼 주식 발굴을 위한 가치 평가 테크닉

CHAPTER 3
신성장주 발굴을 위한 오리엔테이션

CHAPTER 4
에너지와 소재의 변화

CHAPTER 5
늘어나는 빚과 부의 불균형을 해결할 수 있을까?

CHAPTER 6
로컬리제이션과 자원민족주의

CHAPTER 7
새로운 질병의 출현과 바이오 테크

CHAPTER 8
개미들이 알면 도움이 되는 김학주 교수의 투자 습관

• INVESTING IN STOCKS IS A THRILL •

CHAPTER 1

왜
투자가
어려운가?

INTRO

운전을 하다 보면 수시로 차선을 변경하며 어지럽게 달리는 차들이 있습니다. 얼마나 빨리 가려고 저러나 싶지만 한참 지나서 보면 한 차선을 꾸준히 지키며 달린 차보다 그다지 앞서지도 못합니다. 사고 가능성만 높아지지요.

투자도 알고 보면 쉬운데 어렵게 하는 분이 많습니다. 내가 달리는 차선에는 빨리 달릴 수 있는 이유가 숨어 있는데, 그것을 믿고 따라 달리면 됩니다.

투자가 쉬운 이유는 중력과 반대 방향이기 때문입니다. 중력은 아래 방향이지만 주가는 위로 향합니다. 기업은 성장하는 유기체이고, 기업이 성장하는 만큼 주가는 오릅니다. 아주 비싼 가격에 매수하지만 않으면 됩니다.

주위에 오랜 기간 두고 보면 크게 성장할 만한 산업이 보이지 않습니까? 그 성장 산업을 주도하는 핵심 기업에 장기투자하고, 흔들림 없이 설렘을 안고 기다리면 됩니다.

주식을 살 때는 반드시 자신이 이 주식을 사는 '매수 이유'를 적으세요. 그 이유가 거짓으로 바뀌거나 대중에게 널리 알려지면 하나씩 지우세요. 매수 이유가 줄어들수록 '차익실현'하면 됩니다.

안전한 투자도 있다

가장 쉽고 안전한 투자는 채권일 것입니다. 구입 당시 수익률이 이미 정해져 있기 때문입니다. 채권을 사면 만기까지 액면(10,000원) 대비 일정한 비율로 현금을 주는데 이를 이표(coupon)라고 합니다. 이표가 투자자가 원하는 수익률에 충분치 않으면 채권이 (액면에 비해 싸게) 할인되어 팔리고, 이를 만기에 액면금액으로 상환받기 때문에 시세차익이 생깁니다. 즉 채권 투자 수익률은 이표와 시세차익으로 구성됩니다.

이표가 2%인(액면금액 10,000원) 3년 만기 채권을 샀다고 가정해보겠습니다. 투자자는 매년 액면의 2%인 200원을 받고, 만기인 3년 후에는 액면금액 10,000원을 돌려받습니다. 그런데 시장의 투자자가 매년 5%의 수익률을 원한다면 이표 2%는 부족합니다. 그래서 (3%p 부족한 만큼) 채권이 (액면인 10,000원이 아니라) 9,183원에 할인되어 팔립니다. 이 채권을 사서 만기에 원금 (액면금액) 10,000원을 돌려받으면 817원의 시세차익을 얻습니다. 즉 투자자가 얻는 총수익은 1) 3년간 매년 받는 이표(200원), 2) 시세차익 817원인데, 이를 합하면 투자자가 연간 5%의 수익률을 얻은 셈입니다.

물론 채권 가격도 시중금리에 따라 변할 수 있지만 팔지 않고 만기까지 보유하면 이표와 시세차익이 주는 (연간 5%의) 수익률을 확보할 수 있습니다. 즉 채권은 사전에 투자수익률을 확정할 수 있는 장점이 있습니다.

투자위험을 감수할 수밖에 없는 환경

문제는 이렇게 보장된 채권 수익률이 높을 수 없고, 여러분이 여기에 만족하지 못한다는 점입니다. 그렇다면 높은 수익률은 어디서 비롯될까요? 두 가지로 나눠볼 수 있습니다.

첫째, 투자위험성입니다. 사람들은 투자수익의 변동 폭이 큰 자산을 기피하는 경향이 있습니다. 그만큼 판매가격이 낮을 수밖에 없고, 싸니까 투자수익률이 높을 수 있습니다. 물론 투자위험이 현실화되면 낭패를 볼 수 있지만 말입니다. 둘째, 성장 잠재력입니다. 누구나 투자수익이 크게 성장할 자산을 좋아할 것입니다. 그러나 비싸겠지요. 만일 여러분이 성장 잠재력이 있는 자산을 남이 알기 전에, 즉 비싸지기 전에 산다면 높은 수익률을 얻을 수 있습니다.

이 두 가지 가운데 어느 것이 쉬워 보입니까? 투자위험이란 기본적으로 사람이 잘 모르는 영역입니다. 경제 환경이 수시로 바뀌니까요. 특히 시간이 갈수록 금리와 같은 정책 변수가 가격 변동에 큰 영향을 줍니다. 투자자산 자체에도 불확실성이 있습니다. 경쟁 회사가 어떤 전략을 들고 나와 투자기업을 곤란하게 할지, 소비자의 기호가 어떻게 바뀔지 그 미래를 인간이 알기는 어렵습니다. 한편 신성장 산업을 공부해 남보다 많이 아는 것도 쉽지는 않습니다. 그래도 투자 관련 불확실성을 제어하는 것보다는 쉬워 보입니다. 문제는 개인 투자자가 불확실성을 과소평가해서 공부하기보다는 투자위험을 쉽게 선택한다는 점입니다.

개미들이 돈을 잃는 이유

전문투자자가 아닌 이상 투자자산을 '리서치'하는 데 많은 시간을 할애할 수 없습니다. 공부를 해도 충분히 알지 않으면 오히려 화가 됩니다. '근거 없는 자신감'이 생기고, 결국 쓴맛을 봅니다. 펀드매니저들이 가장 큰 사고를 칠 때가 주로 2~3년차일 때입니다. 이제 막

신입 티를 벗고 이전에 비해 아는 것이 생기니 자신감이 붙습니다. 그러다 보면 무리한 선택을 하게 되고, 결국 예상치 못한 사실을 깨달으며 체념하지요.

사람이 갑자기 불치병을 선고받으면 다음과 같은 몇 단계를 거칩니다. 일단 먼저 부인합니다. 오진일 것이라고 의심하다가 현실임을 자각하면 분노합니다. 그러다 일정 시간이 지나면 타협하는데, 살수 있는 길이 있을 것으로 막연히 희망을 품습니다. 그러나 결국 절망에 빠집니다.

투자에 실패하는 개인투자자의 반응도 이와 비슷합니다. 나름 확신을 가지고 투자를 했는데 자신의 기대와 달리 가격이 움직이면 처음에는 '시장이 뭘 모르고 있다'고 생각합니다. 가격이 한 단계 추가 하락하면 원망할 대상을 찾습니다. 이때만 해도 적당히 반등해서 빠져나갈 기회가 있을 것으로 생각하지요. 더 이상 가격이 손쓸 수 없이 하락하고 회복이 어려워 보이면 절망합니다.

왜 이런 상처를 입을까요? 투자에 필요한 충분한 지식을 갖추지 않았기 때문입니다. 2020년 '동학개미'가 등장했을 때 전문투자자들은 반가웠을 것입니다. 손쉬운 먹잇감이 제 발로 나타났으니까요. 개인투자자가 전문 펀드매니저의 희생양이 되지 않으려면 그들의 게임이 아니라 자신의 투자를 해야 합니다. 즉 펀드매니저는 장기투자를 하기 어렵습니다. 단기 성과를 극대화해 펀드 가입자를 더 모아야 하니까요. 이를 위해 그들은 좋은 주식을 고르는 것뿐 아니라 매매 시점도 이용합니다. 여기에는 매우 많은 정보가 필요합니다.

개인투자자가 펀드매니저와 매매 시점을 놓고 경쟁하면 질 수밖에 없다는 것이지요.

사실 전문투자자조차 매매 시점을 이용한 성과는 좋지 못합니다. 저도 자신 없습니다. 그만큼 매매 시점 파악에는 고려해야 할 (거시적·미시적) 변수가 많고, 돌발적 요인마저 존재합니다. 인간보다는 컴퓨터에게 어울리는 일인 것 같습니다. 그래서 전문투자자도 점점 더 매매 시점 포착을 컴퓨터에 의존하는 추세입니다. 개인투자자는 이런 투자 인프라를 갖추기 어렵고, 정보를 얻는 속도도 느립니다. 그러니까 가장 실력 없는 개인투자자가 가장 어려운 매매 시점에 매달리고 있는 것이지요. 그 결과는 보지 않아도 알 수 있습니다.

주식은 '오늘의 운세'가 아니다

투자란 자신이 기대한 것을 수익으로 얻어가는 과정입니다. 자신이 주식을 샀다면 그 이유를 적을 수 있어야 합니다. 나중에 그 이유가 잘못된 기대임이 드러나면 지우고, 또 이유들 가운데 시장에 알려진 것도 지워나갑니다. 산 이유가 하나하나 사라질수록 주식을 팔아나가면 됩니다. 그런데 개인투자자 가운데 주식을 산 이유를 적을 수 있는 사람이 몇이나 될까요? 대부분 투자를 운에 맡기며 도박처럼 하고 있습니다. 심지어 그것을 즐기는 모습입니다.

워런 버핏도 매매 시점을 포착합니다. 싸게 사서 비싸게 팔고 싶어 하지요. 그런데 그의 투자 기간은 20년입니다. 장기적인 본질 가치도 압니다. 20년 안에 적어도 한 번은 그가 생각한 가치 이상으로 주가가 오를 것이라는 확신이 있습니다. 그는 싼 주식을 알아보는 눈이 있고, 매매 시점을 이용할 수 있는 능력도 있습니다만 그조차도 단기투자는 하지 않습니다. 그런데 그는 자신의 보유 종목을 3개월마다 공개합니다(Berkshire Hathaway portfolio tracker – CNBC).

개인투자자인 여러분이 장기적으로 버핏을 이기기는 거의 불가능합니다. 그러나 버핏의 포트폴리오를 복제하는 사람은 드뭅니다. 왜 실력 없는 자신이 투자 판단의 주체가 되려 할까요? 주식은 오늘의 운세가 아닙니다.

얻는 것보다 잃지 않는 것이 중요하다

지구의 중력이 아래로 작용하는 것과는 반대로 주식의 가격은 위로 오르려는 성질이 있습니다. 왜냐하면 기업이 영업을 통해서 투자자에게 나눠줄 수 있는 이익을 계속 창출하기 때문입니다. 이익이 쌓이는 만큼 기업가치가 성장합니다. 여러분이 투자 시 믿는 것은 이것입니다. 시간은 투자자의 편이고, 그러니 우리는 조급할 필요가 없습니다.

단, 비싸게 사지 말아야 합니다. 기업 성장의 가능성이 확실하다고 해도 너무 비싸게 사면 주가가 하락했을 때 손실을 복원하기 위해 오랜 기간을 기다려야 할 수도 있습니다. 투자는 공격보다 수비가 중요합니다. 투자는 마치 골프와 비슷해 보입니다. 노력해도 버디를 하는 것은 어렵지만 조금만 평정심을 잃으면 더블 보기, 트리플 보기를 하는 건 순식간이니까요. 투자도 잃지 않는 것이 얻는 것보다 훨씬 중요한 게임입니다.

 투자와 골프의 공통점

1. 몸에 힘이 들어간다 : 골프는 긴 채로 작은 공을 치는 운동이다. 골프를 좀 하다 보면 장타를 치고 싶은 욕심이 생기고, 그러다 보면 몸에 과도한 힘이 들어간다. 근육에 힘을 주면 몸의 회전을 방해해 거리도 줄고, 골프채의 헤드가 틀어져 엉뚱한 방향으로 공이 날아간다. 투자에서도 마찬가지다. 욕심이 생길수록 고집을 부리고, 그만큼 남보다 판단이 느려진다.

2. 첫 단추를 잘 끼워야 한다 : 골프의 첫 번째 샷은 일반적으로 드라이버 등 긴 채로 한다. 그만큼 실수할 확률이 높아지고, 그 실수를 만회하기도 어렵다. 투자도 처음 '종잣돈(seed money)'을 날리면 다시 모으기까지 오랜 시간을 버리게 된다. 골프에서 티샷을 할 때 거리를 좀 희생하더라도 (OB 등) 실패할 가능성을 배제하는 방향 선택에 치중하는 것처럼 투자에서도 '잃어도 되는 돈(buffer)'이 모일 때까지 안전한 방향을 선택하는 것이 좋다.

3. 작은 실수가 큰 충격을 준다 : 골프는 채의 헤드가 약간만 열리거나 닫혀도 공의 방향이 의도에서 멀어진다. (오차가 많은) 손목을 가급적 쓰지 말고, 팔이 몸과 따로 놀지 않도록 하는 것이 중요하다. 즉 (오차가 작은) 몸의 회전으로 스윙해야 하는 것이다. 개인투자자들은 자신이 알고 있는 것보다 손이 먼저 나가는 경향이 있다. 잘 모르는 것에 의심 없이 뛰어들고, 그러다 손실을 보면 당황해서 더 큰 실수를 하는 일이 빈번하다. 잘 모르는 부분이어서 대처할 틈도 없이 평정심을 잃기 때문이다. 아는 부분이라면 대처 방안도 알기 때문에 침착하게 대응할 수 있다.

4. 같은 실수를 반복한다 : 골프에서 근육은 자신의 스윙을 기억한다. 그래서 프로 선수라도 같은 실수를 반복하기도 하는 것이다. 투자에서 좋지 않은 성과를 냈다면 반드시 실패 요인이 있다. 그런데 그 이유를 되돌아보기보다는 손실을 만회할 방법부터 찾는다. 그렇게 같은 실수를 반복하게 되고, 실력은 늘지 않는다. 투자수익률은 반복 가능해야 믿을 수 있고, 의미가 있다. 투자란 앞서 저지른 실수를 줄여가는 게임이다.

내가 사는 주식은 왜 늘 비쌀까?

개인투자자가 주식을 비싸게 사는 유형 몇 가지만 소개해보겠습니다. 이런 것만 피해도 실수를 크게 줄일 수 있을 것입니다.

1. 방송을 보고 따라 하지 말라

증권사 리서치센터의 애널리스트가 펀드매니저에게 '사라, 팔라'는 리포트를 만들어 보냅니다. 그런데 훌륭한 펀드매니저는 그것을 따라서 매매하지 않습니다. 이미 그 전에 투자를 해놓고, 애널리스트의 견해 중 자신의 투자 결정에 참고할 만한 것이 있는지 확인하는 용도로만 사용합니다. 애널리스트가 '매수, 매도'의 판단을 하고, 그것을 리포트로 옮기는 데는 몇 주의 시간이 흘렀을 수 있습니다. 그 소식이 펀드매니저를 거쳐 시장에 알려지고 방송에까지 공표되는 것이라면 그것은 이미 '올드 뉴스(old news)'이고, 그것을 따라 하는 사람들은 먼저 투자한 사람들에게 탈출구를 제공하는 셈이 됩니다.

방송을 보지 말라는 것이 아닙니다. 단, 시장이 자신의 판단에 대해 어떻게 생각하는지만 확인하면 됩니다. 혹시 자신이 미처 고려하지 못한 부분이 제기되면 참고합니다.

2. 피할 것은 피하라

사람은 기본적으로 위험을 싫어합니다. 투자위험이 한 단위 늘어나면 기대이익은 그보다 훨씬 더 증가해야 투자를 검토합니다. 그런데 기대이익이 일정 수준을 넘어가면 큰 위험 비용을 지불하더라도 덮쳐듭니다. 인간이 위험 기피자에서 위험 선호자로 돌변하는 것이지요. 높은 기대이익에 홀려 통제할 수 없는 위험에 노출되는 것입니다. 대부분의 개인투자자의 실수가 여기서 비롯됩니다.

남들의 탐욕을 이용할 수도 있다

증시의 모멘텀을 1) 성공 시 기대이익, 2) 성공할 확률로 나눌 수 있습니다. 성공 시 기대이익이 매우 높으면 투자자는 탐욕에 눈이 멀어 성공할 확률을 높게 보는 경향이 있습니다. 이런 속성을 (이벤트 드리븐event-driven으로) 이용할 수도 있습니다. 예를 들어 세상을 바꿔놓을 만한 모멘텀이 발생하면 그 진위를 따지기 전에 일단 먼저 투자해보는 것이지요. 어차피 사람들이 장밋빛으로 볼 수밖에 없다는 논리입니다. 만일 성공 시 기대이익이 엄청난 사건이라면 빨리 매수하고, 그 뒤 진위를 따져보는 전략입니다. 여기서 중요한 점은 성공 시 기대이익에 대한 평가 능력과 먼저 행동하는 것입니다.

ECONOMIC TIPS

모멘텀

모멘텀(Momentum)은 본래 물리학 용어다. 물체가 한 방향으로 지속적으로 변동하려는 경향으로, 동력, 추진력 등의 뜻이다. 증시에서도 이 모멘텀은 거의 같은 의미로 쓰인다. 상승세 또는 하향세를 타기 시작한 주가는 일정 기간 동안 계속해서 한 방향으로 나아가려는 성질이 있는데, 이를 두고 주가의 모멘텀이 살아있다고 표현하기도 한다. 모멘텀 지표는 주가의 향후 움직임을 예측하는 데 도움을 준다.

아는 것까지만 투자하라

인류가 고령화되어 면역력이 떨어지고 암환자가 급증하면서 면역항암제 개발이 활발합니다. 이와 관련해서 A 신약 개발 회사의 주가가 급등했다고 가정해보겠습니다. 그런데 면역력을 개선하는 경로는 매우 다양합니다. 개인투자자는 신약 회사 A의 경쟁력 및 대체재를 파악하기 어렵습니다. 신약 회사 A가 갑자기 실패할 수도 있습니다. 그렇다면 여러분이 할 수 있는 투자는 면역항암제 관련 신약 회사를 모아놓은 펀드나 ETF(Exchange Traded Fund, 상장지수펀드)를 사는 것입니다. 면역항암제 시장은 장기적으로 성장할 것입니다. 신약 회사 A처럼 단기간에 급등하지는 않아도 말입니다. 거기까지가 여러분이 즐길 수 있는 부분입니다. 투자는 잃지 않는 것이 훨씬 중요한 게임입니다. 물론 개별 기업에 대한 경쟁력 평가가 가능하면 개별 종목 투자까지 도전할 수 있지만 식자우환의 실수를 범하지 말아야 합니다.

3. 전략종목을 선택하라

펀드매니저와 개인투자자의 가장 큰 차이는 주가가 하락할 때 당황하는 정도입니다. 펀드매니저는 떨어지는 주가를 (비교적) 편안하게 볼 수 있습니다. 그 이유를 알기 때문입니다. 대응 방안을 안다는 것이지요. 반면 개인투자자는 조급해집니다. 그 뒤에 뭐가 올지 모르기 때문입니다.

잘 모르는 종목을 욕심 내서 샀다면 이미 남의 영역에서 싸우는 셈입니다. 승률이 낮을 수밖에 없습니다. 반면 공부해서 매매를 많이 해본 종목은 익숙할 것입니다. 투자한 기업에 일어날 수 있는 상황을 대부분 예측할 수 있지요. 당황하지 않습니다. 그러니 가급적 상대를 여러분의 영역으로 불러들여 싸우세요. 여러분의 전략종목 내에서만 게임을 해도 충분한 초과수익을 얻을 수 있습니다.

물론 여러 영역을 공부해서 전략종목의 수를 확대해가면 투자수익을 얻을 수 있는 기회가 늘어나지만 그렇다고 투자수익률이 비례해서 늘지는 않을 것입니다. 그 노력만큼 투자수익이 증가하지는 않습니다. 여러분이 투자에 할애할 수 있는 시간에 한계가 있기 때문입니다. 여러 종목을 공부할 때 어느 수준을 넘어가면, 새로운 것을 아는 것보다 기존에 알았던 것을 소홀히 하는 부작용이 더 크게 나타납니다. 여러분이 시장에서 상대하는 사람은 전문투자자입니다. 따라서 좁더라도 깊게 아는 것이 필요합니다.

4. '2시그마'의 의미를 기억하라

워런 버핏은 2001년 미국 경제전문지 〈포춘〉과의 인터뷰에서 '버핏 지수(Buffett indicator)'라는 것을 소개했습니다. 주가지수 시가총액을 국내총생산(GDP)으로 나눈 수치입니다. 마치 주가수익배율(PER: Price to Earnings Ratio)과 같은 개념으로, 버핏 지수 수치가 높을수록 증시가 과열되었다고 그는 판단합니다.

버핏은 2022년 주식을 대량 매수했습니다. 코로나 바이러스가 만든 인플레로 인해 금리가 상승하며 주가가 하락했지만 역사적 관점에서 버핏 지수는 아직 고평가 상태였습니다. 하지만 버핏 자신도 버핏 지수가 우상향하는 것을 압니다. 그 이유는 1) (은퇴 인구가 늘며) 저축 수요가 구조적으로 증가하고, 2) 기술 스타트업이 유니콘으로 성장해 주가지수에서 점점 더 많은 비중을 차지하는 것처럼 지금의 실적(또는 GDP)보다는 미래에 대한 기대가 주가를 끌어올린다는 사실을 그도 인정하기 때문입니다. 그러나 버핏 지수가 이동평균선을 심하게 상향 이탈한 2021년에는 버핏도 주식을 사지 않았습니다. 버핏 지수가 구조적으로 상승해 전고점을 상향 돌파할 것임을 그도 알 것입니다. 하지만 아무리 오르는 주가도 평균에서 2배의 표준편차(= 2시그마)를 벗어날 확률은 매우 낮습니다. 주가도 되돌아보면 정규 분포를 이루는 경우가 많은데요. 이 경우 주가가 이동평균선의 2시그마 이상으로 상향 돌파할 확률은 1%입니다. 대부분의 투자자가 매

버핏 지수도 상향 추세. 그 의미는?

출처 ; Longtermtrends

수한 상태라서 누군가 매도하길 원할 때 받아줄 사람이 점점 더 희박해지는 것이지요. 버핏도 주가에 거품이 형성될 수밖에 없는 환경임을 알지만 지나치게 쏠린 시점은 피합니다.

설레는 투자를 하라

가장 편안한 투자는 현재 주가가 내재가치 밑에 있는 경우일 것입니다. 이를 안전마진(safety margin)이라고 하는데요, 설령 주가가 하락해도 (쉽게 복원되어) 손실로부터 보호될 수 있는 부분입니다. 그런데 (시장이 효율적이라면) 그런 저평가 상태로 남아 있는 주식이 드물고, 개인투자자가 그런 가치주를 발견하기도 어렵겠지요.

다른 형태의 안전마진은 없을까요? 가장 확실한 것 중 하나는 남이 모르는 중요한 정보를 빼내어 갖는 경우입니다. 이른바 내부정보(inside information)로, 이를 활용하는 것은 불법입니다. 만일 남들도 알 만한 사소한 정보를 내가 다르게 해석해서 통찰력을 얻을 수 있다면 분명히 초과수익을 얻을 수 있습니다. 그러나 이 또한 개인투자자에게는 거의 불가능한 일입니다.

그렇다면 일반 투자자로서 안심할 수 있는 투자는 무엇일까요? 장기적으로 성장하는 기업이 일시적인 조정을 거쳤을 때 접근하는 것입니다. 구조적인 성장세가 꺾이지 않은 주식이라도 일시적인 조정을 거칩니다. 성장하는 기업에는 좋은 소식이 있기 마련인데 그것이 주가에 충분히 반영되면 차익실현 매물이 생기게 됩니다. 특히 사람들은 과잉 행동하는 경향이 있어 주가가 과도하게 올랐다가 과도하게 떨어지는 경향이 있습니다.

중요한 것은 구조적 성장세에 있는 기업은 좋은 소식 뒤에 더 좋은 소식이 이어지는 경향이 있다는 사실입니다. 더 좋은 소식이 나오기 전까지 차익 매물이 쏟아지지만 그것을 저점에 매집하면 다음 상승기에 높은 투자수익을 올릴 수 있습니다. 즉 장기적으로 성장하는 기업도 주가가 상승하는 궤도가 있겠지만 그 주위를 크게 배회하며, 그 궤도를 하향 이탈했을 때 우리는 편안하게 접근할 수 있습니다. 그리고 그다음 모멘텀을 설레는 마음으로 기다리는 것이지요.

ECONOMIC TIPS

바이오 기업 vs. 빅테크 기업

이 둘 모두 성장하는 산업이다. 이 가운데 주가 조정 시 더 편하게 매집할 수 있는 주식은 무엇일까? 바이오 기업은 사업이 실패로 끝날 수도 있기에, 저점 매집에는 큰 불확실성이 따른다. 반면 (아마존, 구글, 애플, 마이크로소프트 같은) 빅테크의 경우 독과점적인 지위를 확보했다. 신성장 기업의 주가가 규제, 기술의 (일시적) 정체 등으로 인해 실망 매물이 쏟아지며 하락할 수도 있는데, 상대적으로 편하게 (설레는 마음으로) 주식을 사 모을 수 있는 분야는 빅테크 쪽이다. 신성장 분야라도 안정성으로 인해 평가가 달라질 수 있다.

투자를 쉽게 하는 노하우

"겸손하자"

　투자수익률이 한 해 100%, 그 이듬해 -50%를 기록했고, 이런 상황이 계속 반복되었다면 결국 제자리에 있는 것 아닙니까? 투자자 입장에서는 본인이 잘했다고 느낄지 모르지만 손실을 볼 때는 과거 벌어서 재산이 늘었던 부분까지 함께 잃기 때문입니다. 결국 잃지 않는 투자가 중요합니다. 예전에 어떤 분은 주식에서 투자수익을 얻으면 그 가운데 일정 부분은 빼서 채권을 샀습니다. 겸손하게 투자하는 것이지요. 잃을 때 충격을 줄이는 것입니다. 반면 주가가 하락할수록 주식을 늘렸습니다.

　요즘은 컴퓨터에 투자 프로그램을 설치해두고 사람을 대신하는 경우가 늘고 있는데요. 그 논리는 이것과 반대입니다. 주가가 올라서 (투자 원금 보호를 위해) 잃어버려도 되는 여유 자금이 증가할수록 더 공격적으로 주식 투자 비중을 늘리고, 반면 주가가 하락해 여유 자금이 줄어들수록 원금 보호를 위해 보수적으로 주식 비중을 줄이도록 설계되어 있습니다. 그래서 주가의 변동 폭이 커집니다. 또한 개인투자자의 시장 영향력 확대 등 증시의 쏠림을 강화하는 요인이 늘어납니다. 여기에 휩쓸리는 것이 아니라, 이를 이용할 수 있어야 합니다.

"투자 결정 빈도를 줄여라"

투자 판단이 잦을수록 그 판단이 계속 맞을 확률은 점점 줄어듭니다. 한 명의 투자자에게 자신 있는 아이디어가 그렇게 많을 수도 없습니다. 여러분이 주식을 살 때는 그 이유가 있을 것입니다. 좋은 소식이 있든지, 아니면 싸든지 여러 가지가 있겠지요. 그런데 그 매수 이유의 주가 설명력은 투자 기간이 길어질수록 커집니다. 즉 단기적으로는 여러분의 매수 이유를 가릴 수 있는 잡음(noise)이 많습니다. 여러분의 판단과 달리 주가가 (환경적 요인에 의해) 움직일 수 있다는 것입니다.

예를 들어 통화 정책이나 투자 기업 관련한 사소한 사건이 투자심리를 단기적으로 지배할 수 있겠지요. 그러나 시간이 갈수록 그 잡음이 서로 상쇄되어 사라지고, 여러분의 매수 이유가 점점 더 선명하게 남게 됩니다.

"아는 부분까지만 하라"

예금이나 국채에 투자하면 아무런 위험 없이 수익률을 얻을 수 있습니다. 재산을 지키는 것이 중요한 부자들 중에는 수익률을 조금 올리기 위해 굳이 위험을 감수하기 싫어하는 분도 있습니다. 안전자산에 돈을 묻어두고, 발 뻗고 주무시지요. 여기서 수익률을 조금 더 올리려면 만기가 긴 채권을 사면 됩니다. 장기채권이 단기채권보다 일반적으로 수익률이 더 높지요(= term spread). 여기서 더 수익률을 끌어올리려면 신용등급이 낮은 채권을 사면 됩니다. 위험한 기업일수록 높은 수익률을 제시합니다(= credit spread). 전환사채도 주로 신용등급이 낮은 기업이 높은 수익률을 약속하며 발행하는 채권입니다. 채권 발행 기업이 망하지만 않는다면 비교적 높은 수익률을 얻을 수 있지요.

투자 기간을 좀 길게 가질 수 있다면 부동산이나 인프라 펀드에 투자하여 연 5% 안팎의 투자수익률을 얻을 수 있습니다. 부동산 가격은 채권보다는 단기 변동 폭이 심하지만 투자 기간을 약간 길게 잡으면 안정적으로 성장합니다. 특히 부동산, 인프라 펀드는 배당성향이 높아 수익의 대부분을 현금배당합니다. 즉 은퇴해서 현금 수입이 부족한 사람에게 도움이 됩니다. 더욱이 부동산 가격이 단기적으로 출렁여도 과거에 남겨둔 이익으로 배당해 현금배당 수익은 비교적 안정적입니다. 다시 말해서 펀드를 자주 사고 팔지만 않는다면 (채권 수익률보다 높고, 안정적인) 현금 수입을 얻을 수 있습니다. 한편 주가지수(index)에 투자하면 연 5~8%의 수익률에 도전할 수 있습니다. 단, (단기 변동 폭으로 인해) 좀 더 긴 투자 기간이 필요합니다.

자, 여기까지는 여러분이 공부를 많이 하지 않아도 비교적 쉽게 얻을 수 있는 수익률입니다. 더 높은 수익률을 얻으려면 적정가치 대비 크게 하락한 주식을 저점에서 사놓고, 가격이 그 가치로 돌아오기를 기다리거나, 장기적으로 성장할 수 있는 테마를 가진 산업(주식)의 가격이 소강상태에 있을 때 다음번 좋은 소식을 기다리며

매집할 수 있습니다. 두 경우 모두 긴 시간이 필요합니다. 또 여기에는 많은 공부가 필요합니다. 책의 다음 내용은 이 부분에 대해 설명합니다. 만일 공부할 시간이 없다면 주가지수까지만 하는 것이 좋습니다.

∨ 투자의 불확실성을 제어하는 것보다는 신성장 사업 공부가 더 쉽고 안전하다.

∨ 충분하지 않은 공부는 오히려 화를 부른다.

∨ 주식은 오늘의 운세도, 도박도 아니다.

∨ 시간은 투자자의 편!

∨ 내가 아는 것까지만 투자할 것.

∨ 전략종목을 넓게 아는 것보다 좁더라도 깊게 알기.

∨ 워런 버핏의 포트폴리오를 참고하라.

∨ 가장 실력 없는 개미가 가장 어려운 '매매 시점' 포착에 집착한다.

∨ '잃어도 되는 돈'이 모일 때까지는 안전한 방향을 선택하기.

CHAPTER 2

싼 주식
발굴을 위한
가치 평가
테크닉

INTRO

기업의 내재가치는 두 가지로 나눠볼 수 있습니다. 첫째, 지금까지 기업이 축적한 주주의 부, 즉 '청산가치'이며, 자기자본이 그 근사치를 나타냅니다. 둘째, 기업이 향후 영업을 통해 기업가치를 청산가치 이상으로 끌어 올릴 수 있는 힘, 즉 '미래 영업가치'입니다. 이 둘을 더하면 적정 내재가치(적정주가)를 산정해볼 수 있습니다.

청산가치는 객관적으로 재무제표에 표시되는 반면, 미래 영업가치는 주관적 평가에 의존합니다. 그런데 성숙기에 접어든 기업은 주관적인 미래 가치보다 객관적인 청산가치 비중이 크므로 적정 주가 계산이 비교적 쉽습니다.

바야흐로 새로운 부가가치를 만들어야 하는 시대로 접어들며 투자자금

은 신성장주로 더욱 쏠리고, 전통산업 관련 주식은 소외되는 경우가 잦

을 것으로 판단됩니다. 특히 전통산업 내 1등 기업 위주로 구조조정이

예상되는바, 해당 산업의 선두권 기업에 대해 여기서 배울 가치평가 방

법을 적용해보면 저평가된 가치주를 찾아낼 수 있을 것입니다.

청산가치의 개념

금융감독원 전자공시시스템(https://dart.fss.or.kr/)에서 거래소 상장기업의 사업보고서를 공개합니다. 정기 공시 가운데 사업보고서를 클릭하면 그 안의 (연결) 재무제표를 열람할 수 있습니다. 그 가운데 재무상태표가 있는데, 그 오른쪽에는 자기자본(= 주주에게서 자금 조달한 부분)과 부채(= 빚으로 자금을 조달한 부분)가 있습니다. 즉 재무상태표의 오른쪽은 기업이 자금을 조달한 내용을 적는데요, 그렇게 조달한 자금으로 재무상태표 왼쪽에 있는 영업자산을 산 것입니다.

여기서 자기자본의 구성 요소를 보면 1) 회사 설립 시 주주가 투자한 출자금과 증자를 통해 추가로 기업에 투자한 돈, 2) 기업의 이익은 주주의 몫인데 이를 배당으로 가져가지 않고 회사에 남겨놓은

(=재투자한) 자금, 3) 기업의 영업자산 가치를 정기적으로 시장가치로 평가하는데 장부가와 차이가 나는 부분입니다(즉 영업자산의 시장가치가 오르면 이는 주주의 몫입니다).

만일 기업이 더 이상 영업을 하지 않고 청산한다면, 주주가 자신들의 몫으로 주장할 수 있는 부분은 자기자본입니다. 즉 기업가치 평가의 출발점입니다. 그래서 자기자본이 청산가치의 근사치가 됩니다. 근사치라고 표현한 이유는 영업자산이 시장가치로 정확히 표시되지 않은 경우입니다. 회계장부는 객관적이고 보수적으로 작성되는 원칙이 있기 때문에 영업자산 가격의 변동이 확정적으로 드러나기 전에는 장부(재무상태표)에 반영하지 않습니다. 그런데 일반 투자자가 이 부분까지 고려하기는 어렵습니다. 결국 자기자본을 청산가치 정도로 믿는 것이지요.

미래 가치의 파악

(기업이 영업을 중단했을 경우 당장 얻을 수 있는) 청산가치인 자기자본을 주식 수로 나누면 1주당 자기자본이 계산됩니다. 이를 BPS(Book value Per Share, 장부상 주당 순자산)라고 합니다. 1주당 자기자본을 주가와 비교해보세요. 예를 들어 기업 A의 1주당 자기자본이 10,000원인데 주가가 15,000원에 거래된다면 그 차이는 무엇일까요?

$$\bullet \, PBR = \frac{주가}{1주당 \, 자기자본}$$

$$\bullet \, 기업 \, A의 \, PBR = \frac{15,000}{10,000} = 1.5 \qquad \bullet \, 기업 \, B의 \, PBR = \frac{7,000}{10,000} = 0.7$$

PBR(Price to BPS Ratio, 주가순자산비율)은 주가를 1주당 자기자본 (BPS)으로 나눈 수치입니다. 위의 예에서 기업 A의 PBR은 1.5배입니다. 1주당 자기자본, 즉 청산가치는 10,000원인데 시장에서 투자자가 15,000원으로 인정해줬다면 투자자는 "기업 A가 향후 영업을 통해 기업가치를 끌어올릴 수 있는 힘이 주당 5,000원은 된다"고 판단한 셈입니다.

반면 기업 B의 경우 1주당 자기자본(BPS)은 동일하게 10,000원인데 주가가 7,000원에 거래되고 있다면 PBR은 0.7배입니다. 투자자는 기업 B가 당장 청산하지 않고 영업을 지속한다면 향후 기업가치를 주당 3,000원 훼손할 것이라고 평가한다는 의미입니다.

결국 기업의 PBR이 1배 이상이라면 그 기업이 미래 영업을 통해 청산가치 이상으로 기업가치를 끌어올릴 수 있다고 시장은 판단하는 것이며, 이들을 기업가치 창조자(Value Creator)라고 부릅니다. 반면 PBR이 1배 미만인 기업의 평가는 지속적 영업을 통해 기업가치를 훼손할 것이라는 기대이며, 이들을 기업가치 파괴자(Value Destroyer)라고 합니다. PBR 1.0배인 경우 미래 영업을 통해 기업가치가 청산가치 근방에서 크게 변하지 않을 것이라는 기대가 반영되어 있는 셈입니다.

$$\text{자기자본이익률(ROE: Return On Equity)} = \frac{\text{순이익}}{\text{자기자본}}$$

투자자는 기업이 미래 영업을 통해 청산가치 이상으로 기업가치를 끌어올릴지, 아니면 훼손시킬지를 어떻게 판단할까요? 기업은 (재무상태표에서 보듯) 자기자본 및 부채를 통해 자금을 조달해서 그 돈으로 영업자산을 구입합니다. 영업자산을 활용해 매출액을 만들고, 이익을 내는 과정이 손익계산서에 적혀 있습니다. 손익계산서의 가장 위쪽에 매출액이 있고, 여기서 영업 비용을 지불하고, (부채를) 대출받은 은행에 이자를 주고, 정부에 세금까지 내면 (손익계산서의 맨 밑에) 순이익이 남습니다. 그 순이익이 주주의 몫입니다. 순이익을 발행 주식 수로 나누면 1주당 순이익(EPS: Earnings Per Share)입니다.

결국 기업은 주주에게 받은 자기자본만큼 투자해서 순이익을 돌려 드립니다. 그것이 기업의 투자 성과입니다. 결국 기업에겐 자기자본(또는 BPS)이 인풋(input)이고, 순이익(또는 EPS)이 아웃풋(output)인 셈이지요. 그럼 주주 입장에서 기업의 성과는 인풋 대비 아웃풋(= 순이익/자기자본, 또는 EPS/BPS)이 됩니다.

기업 A의 경우 1주당 자기자본(BPS)이 10,000원, 1주당 순이익(EPS)이 1,000원이라고 가정하면, 기업 A의 투자 성과는 10%(=EPS 1,000원 / BPS 10,000원)입니다. 오늘 주주가 기업 A에 1억 원을 투자하면 1년에 (10%인) 1,000만 원을 주주에게 돌려줄 수 있는 기업의 능력을 의미합니다. 이런 [순이익/자기자본]을 자기자본이익률(또는

ROE: Return On Equity)이라고 하고, 자기자본이익률이 높을수록 투자자는 향후 기업가치가 오를 수 있다고 판단할 것입니다.

미래 가치의 평가

기업 A는 미래 영업을 통해 기업가치를 얼마나 끌어올릴 수 있을까요? 자기자본이익률(ROE) 10%는 괜찮아 보입니다. 시중금리와 비교해도 준수합니다. 그런데 기업의 이익은 변동성이 있지 않습니까? 위험하지요. 주주는 기업 A에 투자할 때 예금 금리보다 높은 수익률을 요구했을 것입니다. 그 요구 수준은 이익의 변동 폭(=위험)이 클수록 높을 것입니다. 주주가 요구하는 수익률이 기업 A의 입장에서는 자기자본조달비용(COE: Cost of Equity)이 됩니다. 기업가치는 자기자본이익율(ROE)이 자기자본조달비용(COE)을 상회하는 만큼 증가합니다.

주주의 요구수익률(COE)은 간단하게 1년 만기 정기예금 금리에 5%를 더해도 됩니다. 예금이나 국가 채권처럼 안전한 자산의 금리에 기업의 위험에 대한 프리미엄을 더하는 과정인데요, 우리가 여기서 겨냥하는 (대형) 가치주의 위험 프리미엄을 (지난 100년 정도) 역사적으로 관찰하면 평균 5% 정도 된다는 의미입니다. 현재 1년 만기 정기예금 금리가 2%라면, 기업 A의 주주는 연 7%가량의 투자수익률을 요구할 것입니다.

기업 A의 경우 자기자본이익률(ROE)이 10%이므로 주주가 요구하는 자기자본조달비용(COE) 7%보다 3%p 높은 영업 성과를 거뒀습니다. 초과이익률이 3%인 셈이지요. 즉 기업 A의 영업 성과는 주주의 요구 수준을 맞춰주고도 3%p가 남은 결과입니다.

기업 A는 1주당 10,000원의 자기자본(BPS)을 갖고 한 해 영업을 시작했는데 그 가운데 3%인 300원의 초과이익을 거뒀습니다. 그만큼 (1주당) 기업가치가 증가했고, 주가도 오를 수 있는 것이지요.

만일 기업 A의 한 해 초과이익이 (매년 변동은 있겠지만) 평균적으로 1주당 300원 정도를 유지할 수 있다면, 이를 자기자본조달비용으로 나눌 경우 기업 A가 미래 영업을 통해 기업가치를 끌어올릴 수 있는 힘이 됩니다. 즉 [1주당 300원 / COE 7%] =1주당 4,300원만큼 주가를 기업 A의 청산가치(1주당 10,000원) 이상으로 밀어올릴 수 있습니다. 결국 기업 A의 적정 내재가치(fair intrinsic value)는 청산가치(1주당 10,000원)에 미래 영업가치(1주당 4,300원)를 더한 1주당 14,300원이 됩니다. 이는 기업 A의 현재 주가 15,000원과 비슷합니다. 즉 시장 참여자는 기업 A가 지금 정도의 초과이익을 유지할 수 있을 것으로 기대한다는 의미입니다.

만일 미래에도 지속 가능한 인플레를 연 2%로 가정하고, 기업 A의 이익이 향후 이 정도는 성장한다면 기업 A의 미래 영업가치는 [1주당 300원 / COE 7% - 이익 성장률 2% = 1주당 6,000원]이 됩니다. 따라서 기업 A의 적정 내재가치는 1주당 청산가치(10,000원)에 미래 영업가치(6,000원)를 더한 16,000원이 됩니다.

가치주의 낚시(bottom fishing)

가치주란 늙어서 성장이 제한되고, 그래서 싼 주식을 말합니다. 그렇지만 이미 치열한 경쟁을 거쳐 생존자만 남은 산업의 주식이므로 판도가 크게 흔들리지는 않겠지요. 즉 안정적인 주식입니다. 음식료나 통신, 운송, 금융, 에너지 서비스처럼 수요마저 안정적이면 더 가치주에 해당될 것입니다. 워런 버핏의 포트폴리오를 보면 가치주의 유형을 쉽게 확인할 수 있습니다.

가치주의 소외

점점 증시에 쏠림 현상이 심화되고 있습니다. 저성장 속에 투자수익률이 낮아지다 보니 작은 투자 기회에도 돈이 몰려듭니다. 경제가 늙어 산업이 방향성을 잃다 보니 미래 성장에 대한 가시성(visibility)도 떨어집니다. 그 가운데 그때 그때의 뉴스에 따라 몰려다니는 투자자가 늘어납니다. 여기에 개인투자자의 토론방과 컴퓨터 알고리듬의 확대도 쏠림 현상을 심화시킵니다.

한국의 (자산운용사 등) 기관투자자도 쏠림이 심한 편입니다. 연기금, 보험사 등 자금을 주고 성과를 평가하는 곳에서 단기 성과를 보기 때문입니다. 이는 국내 자산운용사 안에 (장기 성과를 약속할 수 있는) 투자 원칙이 없음을 시사하기도 합니다. 결국 기관투자자조차 단기 추세를 쫓는 것이지요.

이런 가운데 성장 테마의 바람이 한번 불면 가치주는 소외됩니다. 그런 가치주가 빛나는 시기는 크게 두 가지의 경우가 있습니다.

첫째, 금리가 상승 반전해 증시가 조정 국면으로 돌입하는 때입니다. 고금리로 시중 자금을 구하기 어려워지면 성장주는 그들이 약속한 '성장성'에 의심을 받고, 자금은 빠르게 가치주로 이동합니다. 특히 저금리 시절 성장주가 지나치게 비싸진 상태이기도 합니다. 증시가 조정 국면에 접어들면 그동안 소외된 가치주로 피신하는 현상도 생깁니다. 기관투자자의 주식펀드는 현금 보유 비중에 제한이 있으므로(= 주식을 보유하고 있어야 하므로) 성장주로 차익실현한 자금을 현금으로 남기기보다 소외된 가치주를 사는 경향이 있는데 이를 '빈집털이'라고도 표현합니다. 소외된 가치주는 매물 부담이 없다는 것이지요.

둘째, 가치주는 영업 실적에 영향을 주는 변수가 적어 이익이 비교적 안정적이지만 원자재 가격의 급변, 또는 규제 위험으로 인해 주가가 일시적으로 흔들리는 경우가 있습니다. 이런 요인들은 지속적이지 않은 경우가 대부분이므로 주가가 (여러분이 계산한 적정 주가 밑으로) 과매도되면 저점매집의 기회로 살 수 있습니다. 이를 보텀 피싱(bottom fishing)이라고 합니다. 주가가 바닥(bottom)을 기록했을 때 매수(fishing)했다가 주가가 오르면 파는 식입니다.

가치주는 성장주에 비해 주가 변동 폭이 작습니다만 적정 내재가치로 회귀하는 성질은 성장주보다 강합니다. 따라서 가치주가 소외되어 적정 내재가치를 10~20% 하향 이탈할 경우 조금씩 저점매집한다면 채권보다 훨씬 높은 수익률을 (마치 채권처럼) 안정적으로 얻을 수 있습니다.

삼성전자의 적정 내재가치 계산(2022년 말 기준)

1주당 청산가치 계산

거래소 상장기업의 정보는 금융감독원 전자공시 시스템(dart.fss.or.kr/)에서 확인할 수 있습니다. 검색창에 삼성전자를 입력하고 정기공시를 클릭해 사업보고서를 찾고, 그 안에서 연결재무제표를 볼 수 있습니다.

연결재무상태표의 하단에 '지배기업 소유주지분'이 삼성전자의 자기자본, 즉 청산가치의 근사치이며, 2022년 말 현재 345조 원입니다. 이를 발행 주식 수로 나누면 주당 청산가치를 대략 계산할 수 있는데, 발행 주식 수는 '사업보고서 → 1) 회사의 개요 → 4) 주식의 총수'에서 하단에 있는 유통 주식 수를 확인하면 됩니다. 2022년 말 삼성전자의 유통 주식 수는 67억 9,200만 주입니다(여기서 우선주도 발행 주식 수에 포함시켜야 합니다. 왜냐하면 한국의 우선주는 의결권만 없는 보통주이므로 이익을 보통주주와 동일하게 나눠 가질 수 있기 때문입니다). 따라서

2022년 말 삼성전자의 청산가치는 1주당 5만 817원(= 345조 1,861억 원 / 67억 9,200만 주) 근방입니다.

1주당 미래 영업가치 계산

삼성전자가 주주를 위해 벌어들인 이익은 '연결재무제표 → 연결손익계산서' 하단에 있는 '지배기업의 소유주에게 귀속되는 당기순이익'에서 확인할 수 있습니다. 2022년의 경우 삼성전자는 주주에게 54조 7,000억 원의 순이익을 벌어주었습니다. 한편 삼성전자가 주주에게 받아 영업에 투입한 자금, 즉 자기자본은 2021년 말 296조 원, 2022년 말 345조 원이므로 삼성전자 주주는 2022년 평균적으로 321조 원(1주당 46,315원)을 투자한 셈입니다. 결국 삼성전자 주주가 2022년 평균적으로 투자한 돈(input, Equity)은 321조 원이며, 그 투자 성과(output, Return)는 54조 7,000억 원입니다. 그 결과 삼성전자 주주의 2022년 투자수익률(= output/input), 즉 자기자본이익률은 17.1%(= 54.7/321)입니다.

그런데 2022년은 코로나 쇼크가 어느 정도 진정되면서 비대면 활동이 늘며 반도체 시황이 이례적으로 좋았습니다. 최근 4년 동안 삼성전자의 평균 자기자본이익률(ROE)은 12.4%입니다. 즉 반도체 시황이 저조했던 시기와 좋았던 시기를 종합해 평균을 낸 이 수치를 삼성전자의 지속 가능한 자기자본이익률(ROE)로 가정할 때 삼성전자는 1년 영업을 통해 1주당 2,501원 초과이익을 얻습니다.

> ### 삼성전자 한 해 영업을 통한 초과이익
>
> 1주당 자기자본(46,315원)×(자기자본이익률 12.4% − 주주들의 요구수익률 7%) = 1주당 2,501원

이 수준(1주당 연간 2,752원)의 초과이익이 인플레(연 2%)를 상쇄할 만큼 성장할 수 있다면 삼성전자의 미래 영업가치는 1주당 5만 5,020원이 됩니다.

> ### 삼성전자의 미래 영업가치
>
> $$\frac{\text{1주당 연간 초과 이익 2,501원}}{\text{(주주들의 요구수익률 연 7\% − 인플레만큼 성장 연 2\%)}} = \text{1주당 55,020원}$$

적정 내재가치의 산정

끝으로 삼성전자의 미래 영업가치(1주당 5만 5,020원)에 청산가치(1주당 자기자본, 5만 817원)를 더하면 삼성전자의 적정 내재가치가 1주당 10만 5,837원으로 계산됩니다.

> ### 삼성전자의 적정 내재가치
>
> 1주당 청산가치(1주당 자기자본 50,817원) + 1주당 미래 영업가치(55,020원) = 1주당 105,837원

사실 삼성진자처럼 경기에 따라 이익 변동 폭이 심한 주식은 적정 내재가치를 측정하기가 쉽지 않을 수 있습니다. 왜냐하면 자기자본이익율이 출렁거려 그 지속 가능한 수준을 파악하기가 어렵기 때문입니다. 위의 사례에서도 반도체 호황과 불황을 포함하는 한 사이클 이익의 평균을 사용해서 자기자본이익율을 구했지만 그것이 지속 가능한 수준인지 단언할 수는 없습니다. 굳이 삼성전자의 사례를 든 이유는 우리나라 투자자에게 가장 익숙한 주식이기 때문입니다.

적정 내재가치를 파악하고, 그 수준을 주가가 하향 이탈할 때 저점매집하는 전략에 이용하기에 어울리는 주식은 음식료, 신용평가사, 통신업처럼 수요가 꾸준해 이익의 변동성이 적은 업종의 기업입니다.

인플레가 1등 주식을 더 빛나게 하는 이유

세계적으로 갈등이 고조되며 공급망이 흔들립니다. 선진국들도 자체적인 생산기반을 구축하려 하지요. 그럴수록 비용 상승 인플레(cost push inflation) 압력이 생깁니다. 1982년 이런 현상을 보며 워런 버핏은 기업 수익성을 갉아먹는 기생충에 비유했습니다.

기업 입장에서 비용 상승 인플레를 극복하려면 크게 두 가지 방법이 있을 수 있습니다. 첫째, 판매가격을 올려도 수요의 희생이 최소화될 수 있어야 합니다. 즉 소비자가 기업 제품에 대한 높은 의존도를 갖고 있어야 합니다. 브랜드가 있어야 한다는 의미입니다. 둘째, 고정 시설투자 부담이 낮을수록 유리합니다. 고정비 부담이 클수록 가격 인상으로 인한 판매량 감소는 더 큰 타격이 됩니다.

지금의 비용 상승 인플레가 궁극적으로는 인공지능 기반의 생산성 개선에 힘입어 극복될 것입니다. 그러나 단기적으로는 인플레의 고통에 노출될 수 있고, 그것을 판매가격 인상을 통해 극복할 수 있는 1등 브랜드와 그렇지 못한 하위 업체 간의 격차가 크게 벌어질 수 있습니다. 인플레로 인해 기업 간 '부익부 빈익빈'이 심화될 수 있다는 말입니다. 산업이 1등 기업 위주로 통합(consolidation)되는 일이 가속화될 수도 있습니다.

따라서 가치주 투자를 하더라도 1등 기업 위주로 선별할 필요가 있습니다. 하위 기업 중에서는 주가가 계속 흘러내리는 실패 사례(de-rating)도 나타날 수 있기 때문입니다. 선두권 대표 기업들의 주가 복원력이 확실히 강할 것입니다.

2장의 핵심 포인트

∨ 미래 가치를 계산하는 방법을 공부하라.

∨ 가치주는 성장주에 비해 주가 변동 폭이 작지만 적정 내재가치로 회귀

하는 성질은 더 강하다.

∨ 인플레 상황에서는 가치주 투자일지라도 1등 기업 위주로!

∨ 가치주의 유형이 궁금하다면 워런 버핏의 포트폴리오를 보라.

∨ 주가가 하향 이탈할 때 저점매집을 해볼 만한 주식은 수요가 꾸준해

이익 변동성이 적은 업종

∨ 신성장주로의 쏠림 속에 소외되어 있는 가치주들을 낚을 수 있는 방법

을 공부하자.

CHAPTER 3

신성장주
발굴을 위한
오리엔테이션

INTRO

세계 정세가 신냉전 양상을 보입니다. 미국의 패권에 도전하는 세력이 나타나고, 미국은 자신의 패권을 지키기 위한 조치들을 취하고 있습니다. 미국이 패권을 유지하려면 (물품 수입 대금 등) 미국 밖으로 나갔던 달러가 미국으로 돌아와야 합니다. 그렇지 않으면 달러의 가치가 구조적으로 약해지며 '달러 패권'이 흔들릴 수 있습니다.

예를 들어 중국이 미국에 수출해서 달러를 받아가면 자국의 종업원에게 월급을 주기 위해 달러를 팔고 인민폐를 사야 합니다. 달러 매도세가 계속되는 것이지요. 이를 막기 위해 그동안은 중국이 미국 국채를 사며 달러를 다시 미국으로 보내줬는데, 중국은 이제 더 이상 미국 국채를 사지 않습니다. 오히려 미국 국채를 조금씩 팝니다. 미국 패권에 도전하는 것이지요. 미국은 금리를 올리며 강제로 달러를 중국에서 빼서 미국으로 가져가는 긴장감을 조성하기도 합니다.

갈등으로 인해 경제가 위축되면 실망 매물이 쏟아지고 지나치게 저평

가되는 주식이 등장하는 반면, 한편에서는 새로운 부가가치를 만드는

신성장 신기술의 시대가 탄생합니다. 이처럼 경제는 살아있는 유기체

이며, 생존하기 위해 스스로 적응해갑니다. 결국 돈은 가치주 및 신성

장주 양극단으로 흐르고, 관련 산업에 장기투자하는 것이 가장 쉬운 투

자일 것입니다.

단, 신기술은 주도권이 계속 바뀌는 경우가 허다하므로 개별 기업에 집

중투자하기보다는 테마지수(theme index) 투자 또는 분산투자가 바람직

합니다.

성장주 투자를 할 때 주의할 점들

신성장주의 경우 더더욱 현재의 실적이 아니라 기업의 미래를 사고 팔게 됩니다. 주관적인 판단에 의존하고, 주가의 변동 폭도 커집니다. 특히 성장 초기의 기업은 급격한 기술의 변화로 인해 서열이 급변하거나, 기업이 순식간에 몰가치화(obsolete)되는 경우도 있습니다. 따라서 신성장 기업 투자에서는 기업 및 산업에 대한 지식이 확실한 변별력을 줍니다. 가치주 투자의 경우 주가가 저평가되었음은 비교적 많은 사람이 공감할 수 있지만 먹이가 공유되는 만큼 즐길 수 있는 폭은 줄어들 수 있습니다. 반면 성장주 투자는 '성장 가치'를 정확히 볼 줄 아는 소수의 몫이 커질 수밖에 없습니다.

모두의 상식을 의심하라

"큰돈을 벌려면 대중과 함께 있지 말라"는 격언이 있지요. 이 격언이 가장 필요한 시기가 투자기업의 성장 초기입니다. 이미 성숙기에 접어들어 대다수에게 알려진 기업은 남과 다른 생각을 할 부분도 별로 없고, 또 그래봤자 이상한 사람이 될 공산만 큽니다. 그런데 기업의 성장 초기나 산업 초기에는 불확실한 것이 너무 많습니다. 그러니 남들이 상식적으로 받아들이는 것에 대해 의심하는 습관을 가지세요. 그 의심이 맞아들 때 큰돈을 벌 수 있습니다. 사실 투자 성과는 여기서 결판나는 경우가 많습니다.

예를 들어 암호화폐에 관해 대부분의 시장 참여자는 단지 '투기'로만 생각합니다. 그러나 디지털 가상세계의 보급과 그 위에서 민간의 거래를 신뢰성 있고, 편하게 연결해줄 수 있는 디지털 암호화폐의 구조적 성장을 믿는다면 (가장 경쟁력 있는 코인에) 재산의 극히 일부를 투자해볼 수 있습니다. 실패해서 잃어버려도 큰 타격이 없는 돈 정도가 좋습니다. 반면 성공했을 때는 여러분의 신분을 바꿔줄 수도 있습니다.

신성장 산업에 대한 시장 참여자의 기대가 동질적으로 변해간다면 그 성장 모멘텀이 늙었다는 증거입니다. 누구나 긍정적으로 이야기하는 것이 사실 두려운 상황이지요. 그렇다면 더 이상 거기 머무를 이유가 없습니다.

다시 말하지만, 아는 데까지만 하라

성장주를 쫓을 때는 '아는 데까지만…'이라는 문구를 특히 더 기억해야 합니다. 성장기업은 기업가치를 결정하는 신기술의 패권이 언제든 바뀔 수 있고, 또한 어떤 경쟁업체가 치고 나올지도 불확실합니다. 어떤 경우는 규제 위험이 도사리기도 하지요. 이런 영역을 개인투자자가 알기는 어렵습니다. 그렇다고 신성장주 투자를 포기할 수도 없습니다.

예를 들어 나스닥 안에 바이오 지수가 있고, 그 안에 면역항암제 분야가 떠오릅니다. 그리고 면역항암제는 2개의 대표적인 업체가 주도하고 있다고 가정해보지요. 개인투자자 입장에서 인구의 노령화와 함께 헬스케어의 수요가 강화되는 것까지 파악했다면 바이오 지수에 투자할 수 있고, 그 가운데 암을 극복하는 방법으로 인간의 면역을 조절하는 것이 (당분간) 대세라는 것에 동의하면 면역항암제 ETF를 사면 됩니다. 만일 면역을 조절하는 다양한 방법과 그 혁신을 주도하는 주력 기업 두 곳의 핵심 기술까지 이해했다면 그 개별 기업에 투자할 수 있습니다. 만약 바이오 산업에 대해 전혀 아는 것이 없다면 단순히 성장기업이 모여 있는 나스닥 지수에 투자하면 됩니다.

나스닥 (시장) 지수 쪽으로 갈수록 많은 사람이 즐길 수 있을 만큼 위험 및 투자수익이 제한됩니다. 반면 신성장 개별 기업으로 올수록 소수의 전문가가 얻을 수 있는 고위험 고수익(high risk high return)이 됩니다. 개별 기업에 투자할 수 있는 전문가는 보유 기술의 미래를 보며 장기투자(Buy & Hold)도 가능하지만 단기 모멘텀을 활용한 트레이딩도 할 수 있습니다. 반면 시장지수(index)에 의존하는 일반 투자자일수록 장기투자가 바람직합니다. 장기투자를 하며 그 산업의 구조적 성장을 기다리는 것이지요. 물론 개인투자자라고 해서 반드시 일반 투자자는 아닙니다. 어떤 산업 영역에서는 전문투자자일 수 있습니다.

ECONOMIC TIPS

ETF 업데이트 확인의 중요성

신성장 테마(theme) 관련 ETF가 많이 소개되어 있다. 개인투자자는 전문 기술 분야에 대해 지식적 한계가 있고, 또 산업 동향을 업데이트하는 데 시간적 여유가 없음을 감안해 전문투자자가 대신 포트폴리오를 만들어놓은 것이다. 그런데 이런 ETF의 업데이트가 이뤄지지 않은 경우가 허다하다. ETF 펀드에 돈이 모이는 사이에 기술 변화가 있을 수 있고, 또한 ETF 내 너무 많은 개별 주식이 섞여 있는 데다 연관성이 약한 종목도 포함되어 있어 성장 테마에 부합하는지 의심스러울 때도 있다. 책임 지지 않기 위해 두루뭉술하게 ETF를 만들기 때문이다. 가장 이상적인 경우는 신성장 테마 관련 주식을 공부하고 스스로 분산투자 포트폴리오를 만드는 것이다.

투자한 이유를 써라

신성장 기업들은 신기술 적용 분야의 크기, 해당 기업의 혁신성 등이 성장 모멘텀으로 작용합니다. 그 가운데 '자신이 믿고 산 이유'를 적어보세요. 물론 나중에 잊지 않고자 하는 의도도 있지만 탐욕과 공포 속에서 판단이 흔들릴 때 '매수 이유'를 보며 초심을 지킬 수 있기 때문입니다.

그 매수 이유들 가운데 언론에 등장하거나 시중에 많이 알려진 것은 하나씩 지워갑니다. 그렇게 알려진 모멘텀은 이미 현재의 주가에 다 반영되었기 때문입니다. 즉 더 이상 돈을 벌어줄 수 없게 된 요인이지요. '매수 이유'가 줄어들수록 해당 기업의 주식을 매도할 준비에 나서야 합니다.

만일 주가지수에 투자해서 남과 수익을 나누는 경우 '투자 이유'가 시장에 알려졌다 해도 보유할 수 있습니다. 반면 개별 종목의 경우 자신이 공부해 남이 모르는 부분만큼 초과이익을 얻는 게임이므로 남보다 빨리 움직여야 합니다. 그러려면 자신의 투자 이유가 얼마나 시장에 노출되었는지 알고 있어야 합니다.

신성장주 투자가 유리한 이유

신성장주에는 돈이 몰릴 수밖에 없고, 이 돈이 미래를 약속하는 기업들로 흘러듭니다. 코로나 쇼크 이후 불거진 인플레를 잡기 위해 미국 중앙은행(Fed)은 기준금리를 급하게 올렸습니다. 그러나 시중 유동성을 줄이지는 못했습니다. 그 근본적인 이유는 정부의 빚이 구조적으로 증가하여 국채를 발행해야 하는데 그 일부를 중앙은행이 화폐를 신규 발행해 사줘야 하기 때문입니다. 그렇지 않고 국채 발행량을 모두 시중에 쏟으면 채권 가격이 폭락하고, 시중금리가 급등합니다. 결국 화폐가 신규 발행된 부분만큼 시중 유동성은 증가합니다. 특히 중국이 더 이상 미국 국채를 사주지 않기 때문에 미국 중앙은행이 (신규 화폐를 발행해) 미국 국채를 구입해야 하는 부담은 더 커졌습니다.

2023년 4월 신용평가기관인 피치(Fitch)는 프랑스의 신용등급을 AA에서 AA-로 한 단계 강등시켰습니다. 연금 부실로 인한 정부의 재정부담 우려 때문입니다. 은퇴자가 느는데 현대 의학의 발달로 사람들은 더 오래 삽니다. 연금이란 자신이 노후에 쓸 돈을 젊었을 때 저축하는 개념이지만 '더 오래 살게 된' 부분은 감안하지 못했고, 그것은 정부가 보전해주어야 합니다.

한편 전 세계적으로 노인 환자의 증가로 인해 건강보험 재정의 고갈도 우려됩니다. 사람은 늙을수록 각종 질환에 더 노출됩니다. 미국의 제약사들은 약값을 직접 정하기 때문에 폭리를 취하기도 합니다. 각국 정부가 비싼 약을 사서 의료보험의 형태로 민간에 싸게 공급합니다.

또한 각 나라 간 지정학적 갈등이 증가하며 국방 예산의 부담도 커지고, 산업 전반을 친환경으로 급하게 전환하면서 에너지 비용도 늘어납니다. 이렇게 정부의 지출이 급증하지만 세금 수입은 제한적입니다. 사람들은 늙을수록 소비보다는 저축에 관심이 많기 때문입니다.

소비가 줄어드는데 어떤 기업이 (생산을 위해) 투자할까요? 결국 경제가 저성장에 돌입하고, 정부의 세금 수입도 위축되는 것이지요. 정부의 지출 부담이 급증하고, 세수가 답보 상태를 보이면 정부의 빚은 구조적으로 늘어날 수밖에 없고, 그럴수록 정부가 발행하는 국채를 소화하기 위해 중앙은행은 신규 화폐를 발행하게 됩니다. 시중 유동성이 느는 것이지요.

세계적으로 각국 정부의 빚이 늘고 있는데, 그 근본 요인은 인구 노령화입니다. 그 파생으로 시중 유동성이 증가하는 현상은 구조적이라는 말입니다. 일각에서는 중앙은행이 시중에 풀었던 돈을 회수할 것이라는 주장도 있지만 오히려 사치스럽게 들립니다. 앞으로 정부 부채는 계속 늘어날 것이므로 시중 유동성을 회수할 여유를 갖기는 불가능해 보입니다.

코로나 쇼크로 미국 중앙은행은 시장의 채권을 샀습니다. 그만큼 시중에 유동성이 공급되었겠지요. 그 결과 미국 중앙은행의 자산 규모가 4조 5,000억 달러에서 9조 달러까지 급증했습니다. 풀었던 과잉 유동성을 회수하기 위해 중앙은행이 채권을 다시 매도할 것이라는 견해도 있었지만, 미국 중앙은행의 채권 보유량은 거의 줄지 않았습니다. 오히려 2023년 실리콘밸리 은행, 퍼스트 리퍼블릭 등 부실 금융기관의 파산 이후에는 유동성을 급하게 확대하는 모습도 보였습니다.

미국 중앙은행은 코로나 쇼크와 러시아-우크라이나 전쟁으로 인해 야기된 인플레를 억제하기 위해 (단기) 기준금리를 2022년 3월부터 올렸습니다. 그 결과 단기금리가 장기금리보다 높은 장단기 금리 역전현상이 심화되었습니다. 가계로부터 단기로 돈을 빌려 기업에게 장기로 대출해주어 그 차이(마진)를 얻는 상업은행 입장에서는 손실이 날 수 있는 구조입니다. 이렇게 되면 당연히 기업 대출이 줄고, 투자도 위축되어 인플레를 억제할 수 있다고 중앙은행은 믿습니다. 그러나 (고금리를 유지할지언정) 시중 유동성은 함부로 뺄 수 없습니다. 부실 기업이나 부실 금융기관이 도산하면 경제 시스템에 쇼크가 오기 때문입니다.

결국 빚과 함께 늘어난 시중 유동성이 새로운 부가가치를 만드는 미래의 성장 기회들을 따라다닐 것이고, 이로 인해 신기술 성장주 쪽으로 투자 자금도 계속 몰릴 전망입니다. 신성장 분야에서 초과이익을 낼 수 있는 기회가 많을 수밖에 없고, 이것이 신성장주를 공부해야 하는 이유인 것이죠.

정부 빚이 늘어 시중 유동성이 증가하는 구조의 해결책은?

시중에 풀린 돈이 일을 해야 한다. 돈이 새로운 부가가치를 만드는 곳에 쉽게 투자되어 세금 수입 기반도 확장하고, 정부 빚을 갚을 수 있는 재원도 마련해야 한다. 그 일을 도우려면 금리가 하락해서 새로운 부가가치를 만드는 기업(start-up)의 이자 부담을 줄여줘야 한다. 단, 인플레가 생기면 어쩔 수 없이 고금리를 유지해야 하는데, 이 경우 늘어난 빚 상환 부담이 가중된다. 결국 인플레를 막는 것이 관건인데, 해법은 생산성을 높이는 것밖에 없다. 적은 자원으로 많은 양의 물건을 생산해 물가를 떨어뜨려야 한다.

인류는 스마트하게 투입 자원을 줄여야 하고, 그 방편으로 디지털, 인공지능 솔루션이 급물살을 타게 될 전망이다.

신성장주 투자에서 단기 트레이딩이 가능할까?

개인투자자의 개별 주식 단기 트레이딩은 금물입니다. 단기 트레이딩에 대한 이해도가 낮은 상황에서 실수할 확률이 높기 때문입니다. 그런데 대부분의 개인투자자는 단기 트레이딩을 합니다. 개미들이 믿는 것은 무엇일까요?

첫째, 객관적인 사실에 입각한 투자라는 것입니다. 테마가 형성되어 오른 주식에는 일단 좋은 소식이 있고, 이는 객관적인 사실입니다.

둘째, 남보다 빠르게 행동할 수 있다는 생각인데 여기에 문제가 있습니다. 많은 개미가 빠르게 움직이기 위해 기술적 분석을 참고합니다. 그런데 과거에 발생한 '좋은 소식'의 유형이 모두 다르고 이번의 것과도 다르기 때문에 별 도움이 되지 않고 오히려 속는 경우가 허다합니다. 개미는 '좋은 소식'에 일단 올라타고, 이상한 낌새가 있으면 바로 팔고 빠져나오면 된다고 생각합니다. 하지만 대부분은 제때 팔지 못합니다.

어느 펀드매니저의 사례입니다. 반도체 기업에 좋은 소식이 있었고, 그도 그 추세에 올라탔습니다. 주가가 올랐습니다. 이상하게도 그의 태도는 점점 더 낙관적으로 변해갔습니다. 좋은 소식이 주가에 반영될수록 더 경계해야 하는데도 말입니다. 여기에 두 가지 감정이 개입합니다. 하나는 "벌어놓은 것이 있으니 좀 더 여유 있게 볼 수 있다"라는 것이고, 다른 하나는 "내가 모르는 더 큰 것이 숨어 있을 수 있다"는 생각입니다. 탐욕이 개입되고, 주가가 오를수록 그 주식과 사랑에 빠집니다.

그러던 중 주가가 드디어 꺾인 첫날이 왔습니다. 상사는 "이젠 매도를 검토해보라"고 지시하지만 그는 "건강한 조정일 뿐입니다"라는 대답을 합니다. 재차 상승할 것이라는 강한 믿음을 갖고 있습니다. 그 믿음의 근거를 요구하자 '더 좋은 소식'은 내놓지 못했습니다. 그는 앞서 말한 두 가지 감정에 빠져 있었을 것입니다. 그다음 날 주가는 폭락했습니다. 주가는 천천히 오르다가 급락하는 경향을 갖기 때문입니다. 좀 벌어놓은 것이 있어도 하루 만에 그 이상으로 잃을 수 있습니다. 그는 사랑했던 주식의 배신에 눈물을 흘렸습니다. 펀드매니저가 이 정도인데 개미들은 오죽할까요?

개인투자자는 어차피 모르기 때문에 상승세가 꺾이면 즉시 팔고 빠져나오겠다고 합니다. 그래서 자신들은 단기투자를 한다고 합니다. 그렇다면 그 약속을 지키세요. 그 종목에 집착하지 말고, 다른 좋은 소식을 찾아보거나, 다음번 좋은 소식을 기다릴 줄 아는 여유를 가지세요.

개인이 신성장 주식에 단기투자하며 공부하는 것을 말리지는 않습니다. 그러나 많은 돈을 투자하지는 마세요. 얼마를 벌었든지, 잃었든지 자신이 이해할 수 없는 상황이 발생하면 즉시 빠져나오세요. 그런 과정에서 공부가 쌓이면 신성장 주식에 장기투자해서 큰 초과이익을 얻을 수 있는 기회가 생깁니다. 신성장 주식에 대한 단기투자는 장기투자를 위한 수업료로 생각하세요.

ECONOMIC TIPS

'엑스트라'의 유혹

아담이 악마에게 속아 죄를 짓게 된 것은 무엇 때문일까. '엑스트라(extra)'를 원했기 때문이다. 신께서 허락하신 것에 감사하지 못하고, '그 이상'을 탐한 것이다. 투자 역시 아담의 실수를 생각하지 않으면 재앙을 부를 수 있다. 얻은 것에 감사하는 것, 모르는 것은 포기할 줄 아는 용기, 그리고 다른 사람을 위해 이삭을 남길 줄 아는 아량과 배려가 필요하다.

신성장주 투자를 위한 길잡이

신성장 주식 투자의 가장 편한 방법은 미래를 바꿔줄 산업을 이끌고 있는 핵심 기업 주식에 장기투자하는 것입니다. 물론 미래에 대한 기대가 주가에 반영되어 있을 것입니다. 그러나 커다란 변화가 있는 산업의 경우 '더 좋은 소식'이 이어지며 '대세 상승'하는 경향이 있습니다.

단, '대세 상승'하는 주식도 기복이 있습니다. 주가가 상승하는 탄도(angle)가 성장 산업마다 주어지는데 주가는 추세를 갖고 오르더라도 그 주위를 크게 배회합니다. 따라서 주가가 (90일, 200일) 이동평균선 대비 상단(+2배의 표준편차) 근방으로 과열되어 오를수록 비중을 줄이고, 반면 하단(-2배의 표준편차) 근방으로 과매도될수록 비중을 늘리는 관리가 필요합니다. 이를 리밸런싱(rebalancing)이라고 합니다.

개인투자자의 이해를 돕기 위해 이 책의 다음 부분에서는 '미래를 바꿔줄 산업'과 '관련 주식'을 소개하겠습니다. 먼저 그동안 이미 발생해서 주가에 반영된 사건, 향후 드러날 변화와 수혜주 등을 기술해보겠습니다. 이를 참조해 신성장 산업에 (장기) 분산투자할 수 있는 초석을 마련할 수 있기를 바랍니다.

3장의 핵심 포인트

∨ 신성장 산업에 동질적 기대가 확산될수록 떠나라.

∨ 모두의 상식을 의심하라.

∨ 시중에 소개된 ETF의 업데이트 여부를 반드시 확인하라.

∨ 스스로 공부하고 분산투자 포트폴리오를 만들 것.

∨ 나의 주식 매수 이유를 적을 것.

∨ '나는 바로 팔 수 있다'는 착각에서 벗어날 것!

∨ 수업료로 생각할 수 있는 돈을 투자하라.

∨ 신성장 산업에 대해 아는 것이 없다면 개별 기업 투자는 금물.

∨ 신성장주 투자는 개별 기업에 집중투자하기보다는 테마지수 투자 또는

분산투자가 바람직하다.

∨ 신성장주 투자의 성패는 투자 기업과 해당 산업에 대한 지식이 결정한다.

- 지금까지 주가에 반영된 사실들

- 아직 시장이 간과하고 있는 미래

- 주력 기업들

CHAPTER 4

에너지와
소재의
변화

INTRO

세계 환경이 급변할 때 그 변화의 내용을 잘 읽고 성장 모멘텀을 파악

하는 것이 중요합니다. 석유 패권 시대에서 데이터 패권 시대로 옮겨가

는 과정에서 새로운 에너지 조달 방식은 중요한 화두입니다.

세계가 빠르게 친환경 경제로 전환하면서 석유 패권을 위협하고 있지

만, 그렇다고 산유국인 미국 등이 쉽게 석유를 포기하지 않을 것입니

다. 석유를 태우지 않고 촉매를 통해 탄소와 수소를 분리해 수소로 전

기를 만들고 탄소는 고급 소재로 개발하는 새로운 영역을 개척할 것으

로 보입니다. 그렇게 되면 예상보다 일찍 수소경제가 열릴 것입니다.

Plug Power(자동차 연료전지), BallardSystems/BloomEnergy(수소발전),

Toray(탄소섬유)를 주목할 만합니다.

신냉전 시대로 접어들면서 국방비가 증가하고 자주 국방에 관심이

높아집니다. 이때 가장 경제적인 방어수단이 핵탄두입니다. 소형원

자로에 관심이 증가하는 것이죠. Nuclear Power(소형원자로), Terra Power(소형원자로, 비상장), Camero(우라늄 생산), Nippon Yakin Kogyo(특수합금)를 주목할 만합니다.

한편 나노 기술을 이용하면 에너지를 증폭하고 전기의 전도성을 개선한다고 알려져 이에 대한 연구가 활발합니다. 이는 바이오 테크와도 관련됩니다. AXCELIS Technologies/ONTO Innovation/Entegris(반도체), Thermo Fisher Scientific/Alnylam Pharmaceuticals(바이오), Nano Dimension(3D 프린터)를 주목할 만합니다.

에너지 변화와 관련해서 빼놓을 수 없는 것이 배터리입니다. 배터리 관련 원자재 카르텔이 강화되고 도요타(자동차 전고체 배터리), 테슬라(LEP), 애플(스마트폰 실리콘 배터리) 등 기업의 배터리 차별화 전략이 활발해질 것입니다.

지금까지 주가에 반영된 사실들

석유 패권에서 데이터 패권으로 변화

2020년 바이든 정권이 들어선 이후 미국이 친환경으로 돌변했습니다. 산유국인 미국이 석유 패권을 버리고 싶지 않아 친환경에 미지근한 태도를 보이다가 급변한 이유는 다름아닌 중국을 견제하기 위함입니다.

미래의 패권은 데이터에 있습니다. 맞춤형 소비, 인공지능 기반의 스마트 솔루션 시대로 돌입하면서 데이터는 더 중요해지고 있는데요, 데이터를 저장·처리하기 위해서는 엄청난 양의 전기가 필요합니다 데이터센터의 열을 냉각시키기 위해 팬(fan)을 돌리는 데도 마찬가지입니다. 그런데 갑자기 친환경 전기를 쓰자고 하면 에너지의 60% 이상을 석탄 발전에 의존하는 중국은 데이터 패권에 접근할 수 없을 것입니다. 물론 미국이 지구온난화를 우려하는 유럽의 동맹국들과 보조를 맞춰 그들을 규합하려는 의도도 있겠지만 친환경으로 돌변한 가장 큰 이유는 중국을 염두에 둔 것입니다.

(태양광, 풍력 같은) 신재생에너지 발전은 간헐적으로 이루어집니다. 그래서 에너지를 모을 수 있는 배터리(ESS) 수요가 부각되었고, 특히 전기차의 보급이 증가하며 배터리 관련주가 급등했습니다. 2022년 기준 세계 자동차 판매량인 7,200만 대 중 전기차(EV)는 1,000만 대로 보급률은 13.9%에 불과합니다. 아직 배터리 수요 성장 여력이 충분히 남아 있다는 것입니다.

한국 배터리 업체들의 전략

배터리 기술은 '정밀화학'입니다. 이는 일본, 독일 등 전쟁을 치러본 나라들이 핵심 역량을 갖고 있습니다. 그런데 그들은 지금 배터리 생산에 적극적이지 않습니다. 왜일까요? 아직 배터리 기술의 미래 방향성이 잡히지 않았기 때문입니다.

2000년대 초반 중국 자동차 시장이 열렸을 때를 사례로 들어보겠습니다. 당시 도요타는 중국에 생산시설을 확장하는 것에 신중했습니다. 세계에서 가장 큰 시장이 열림에도 불구하고 도요타는 고급차부터 조금씩 진입해서 브랜드 이미지를 구축한 후 하위 브랜드로 생산을 다각화하는 전략을 고수했습니다. 반면 현대자동차는 공격적으로 생산시설에 투자해 시장을 선점했습니다. 지금 중국에서 도요타와 현대자동차의 브랜드 가치 평가에는 차이가 납니다. 하지만 현대자동차의 시장 선점이 잘못된 전략이었다고 평가하지는 않습니다. 현대자동차는 큰 시장이 열리는 초기를 장악했고(First in class), 반면 도요타는 중국 시장 내에서 결국 최고의 브랜드 중 하나가 될 수 있었기 때문에(Best in class) 서두를 필요가 없었을 뿐입니다. 서로 전략이 달랐던 것이지요.

배터리 분야에서도 핵심 기술을 가진 일본과 유럽의 기업들은 언제든지 업계 최고의 위치를 장악할 수 있다는 자신감이 있습니다. 따라서 배터리 소재가 어떻게 바뀔지 모르는 현 상황에서 굳이 생산시설을 확장하는 모험을(risk taking) 할 필요가 없습니다. 그들은 아직 배터리 기술의 발전을 관망할 수 있는 여유가 있습니다.

반면 남이 모방할 수 없는 핵심 기술이 미흡한 한국 업체들은 시장 선점 효과라도 노려야 합니다. 차별적 기술이 없으면 빠르기라도 해야 한다는 것이지요. 단, 기술의 변화(technological shift)로 인해 투자된 배터리 생산시설이 무용지물이 될 위험이 있습니다(= high risk high return). 그런데 만일 배터리 기술 개발이 계속 지지부진해서 핵심 기술을 보유한 기업들이 방향성을 못 잡는 기간이 길어지면 시장을 선점한 한국 2차전지 업체들의 수혜 폭이 예상보다 커질 것입니다.

아직 시장이 간과하고 있는 미래

기존 송전망을 활용할 수 있는 수소 & 소형원자로

신재생 발전의 한계는 송전망

태양광, 해상풍력 등 신재생에너지 발전이 효과적인 곳은 주로 격오지입니다. 이런 곳까지 송전망을 연결하려면 막대한 재정이 소모됩니다. 더욱이 초고압 송전망을 설치하는 과정에서 자연이 훼손될 수 있고, 지역 주민들의 반대에 부딪칠 수 있습니다. 정치인들이 이런 일을 반길 리 없습니다.

미국의 경우 송전시설의 설치를 신청한 5건 가운데 1건 정도만 승인됩니다. 태양광, 풍력을 통해 신재생에너지를 많이 생산해도 송전망이 없으면 전기는 버려집니다. 신재생 전기를 배터리(Energy Storage System)에 저장할 수 있지만 무거운 배터리를 운반하는 것은 어리석습니다.

기존 송전망을 활용할 수 있는 친환경 에너지가 수소발전 및 소형원자로입니다. 태양광, 풍력 발전으로 생성된 전기로 물을 분해하여 수소로 만든 후 이를 기존 송전망 근처로 옮겨 연료전지를 통해 다시 전기를 만들어 보내거나, 기존 천연가스 발전소에 수소를 섞어 발전할 수도 있습니다. 또는 기존 화석연료 발전기를 소형원자로로 교체해 기존 송전망을 활용할 수 있습니다. 와이오밍주는 미국 석탄

발전의 메카입니다. 그런데 이곳의 석탄발전기가 소형원자로로 교체되고 있습니다.

수소경제를 믿는 이유 — "태우는 것이 아니라 쪼개서 쓰자"

시장에서는 수소경제가 구체화하기까지는 상당한 시간이 소요될 것으로 판단됩니다. 그래서 수소 관련 주식도 아직 바닥을 기고 있습니다. 수소가 경제적으로 활용되려면 저장 및 수송 관련 인프라가 형성되어야 하는데, 이를 구축하기까지는 아직 오랜 시간이 필요할 것으로 보입니다. 그럼에도 수소경제가 (예상보다 빨리) 올 수밖에 없다고 믿는 이유가 있습니다.

첫째, 석유를 (기존처럼) 태우지 않고 쪼개서 사용하는 방법을 찾을 것이라는 기대입니다. 석유는 수소와 탄소로 결합되어 있습니다. 기존에는 석유를 태워서 에너지를 얻으면서 그 과정에서 환경오염물질을 배출했지만 향후에는 수소와 탄소로 쪼개서 쓸 수 있습니다. 수소는 청정에너지로 사용하고, 탄소는 탄소섬유 등 고부가 신소재로 개발할 수 있습니다. 석유를 쪼개는 촉매기술이 효과적으로 개발되면 급물살을 탈 것입니다. 둘째, 자동차의 연료가 석유에서 전기로 넘어가면서 석유의 수요에 대해 의구심을 품는 이들이 있지만 산유국들이 석유를 포기하지 않을 것입니다. 미국도 산유국입니다. 뒤집어 이야기하면 오히려 산유국들이 수소경제를 만들기 위해 노력할 거라는 것이죠. 그 결과 수소 인프라 구축이 우리의 예상보다 빨리 이루어질 것으로 판단됩니다.

수소가 예상보다 일찍 에너지로 쓰일 거라는 근거

수소연료전지차의 경우 연료 비용이 하이브리드(Hybrid)보다 3배, 가솔린 자동차보다 2배 수준으로 비싸다. 그런데 화물트럭은 자율주행을 통해 (운전자) 인건비를 절감할 수 있다. 전기 트럭은 주행 환경이 단순한 고속도로에서 자율주행이 가능한데, 배터리 트럭은 1회 충전 시 주행거리가 200km에 불과하므로 화물운송 중 도로에 멈춰 설 수 있다. 반면 수소연료전지 트럭은 1회 충전 시 1,000km 이상을 달릴 수 있으므로 자율주행에 여유가 있고, 이를 통해 비싼 운전자 인건비를 절감할 수 있다면 우선 트럭부터 수소엔진이 장착될 수 있을 것이다.

한편 수소는 산업용으로 먼저 쓰일 것으로 보인다. 제철의 경우 철광석에 붙은 산소를 떼어내야 쓸 수 있다. 이를 '환원'이라고 한다. 지금은 철광석에 붙은 산소에 탄소를 불어넣어 결합시키면 이산화탄소(CO_2)가 발생되며 산소를 떼어낼 수 있다. 문제는 이 과정에서 지구온난화를 유발하는 이산화탄소가 배출되고, 거기에 환경부담금이 부과된다는 것이다. 따라서 앞으로는 탄소 대신 수소를 쓰는 비중이 점차 증가할 것이다.

수소가 철광석의 산소와 결합하면 물(H_2O)이 만들어진다. 그 밖에도 산업용에서 산소를 떼어내는 환원 작업에는 1) (리튬, 니켈, 코발트, 망간과 같은) 배터리의 희귀금속에 붙은 산소를 제거해 재활용하는 작업, 2) 용접 시 발생하는 산화철(녹)을 제거하는 과정, 3) 음식료 포장 시 박테리아 증식을 억제하기 위해 산소를 없애는 과정 등이 포함된다.

소형원자로는 안전한가?

핵발전의 원리는 핵연료에 중성자가 들어가 핵분열을 일으키는 구조입니다. 예를 들어 핵연료가 100의 에너지를 갖고 있는데 중성자가 들어와 에너지 40의 두 개로 핵연료가 쪼개질 경우 에너지 20이 남고, 그것을 빼서 쓰는 원리입니다.

그런데 중성자가 너무 빠르면 핵연료에 들어가기 어렵습니다. 즉 핵반응이 일어나기가 힘들지요. 그래서 중성자 속도를 줄이기 위한 감속재를 사용합니다. 기존 경수로는 감속재로 물(H_2O)을 사용합니다. 물 안의 수소는 탁월한 감속재입니다. 그러나 물은 고온에서 끓지요. 물의 증발을 막기 위해서는 기압을 높여야 하고, 그만큼 폭발 위험이 있습니다. 그래서 (원자로 주위에) 격납고를 크게 만들어야 합니다. 반면 (용융염, 소듐 등) 소형원자로는 감속재로 끓는 점이 높은 나트륨을 사용합니다. 즉 기압을 높일 필요가 없고(= 대기압에서 원전 운전이 가능하고), 그만큼 폭발 위험이 줄어듭니다. 또한 원전 부피도 축소됩니다.

한편 헬륨가스를 냉각재로 사용하는 고온가스 냉각 방식의 소형원자로(HTGRs: High-Temperature Gas-Cooled Reactors)도 있습니다. 헬륨은 이미 기체이므로 증발을 우려해 원자로 내 압력을 높일 필요가 없습니다. 그만큼 안전합니다. 특히 핵연료를 실리콘 카바이드(SiC)로 싸고, 이를 다시 흑연으로 싸고, 이런 볼(ball)을 여러 개 뭉쳐서 그 위에 흑연으로 두껍게 한번 더 포장해서 테니스공 크기의 핵연료를 만듭니다. 핵연료가 3겹으로 싸여 있어(= Triso) 핵연료마다의 (조그만) 격납고가 있는 셈이며, 그만큼 핵연료가 누출될 우려가 작습니다.

특히 기존 원자로는 사고 가능성을 최소화하는 것까지만 감안한 반면 소형원자로는 사고 시 해결 방안도 설계에 포함시킵니다. 2011년 후쿠시마 원자로는 격납고를 지하에 두었습니다. 수소가 새어 나가도 땅속에 갇혀 있어 폭발 가능성이 없다고 판단했습니다. 지하 격납고를 파괴할 정도의 지진이 일어날 수 있다는 것은 전혀 예상하지 못한 거지요. 사고 당시 지하에 있던 수소 가스가 지상으로 새어 나왔고, 화재로 인해 생긴 불꽃에 점화되어 폭발 우려가 제기되었습니다. 너무 갑작스럽게 당한 일이라 해결책을 찾지 못하고 혼란만 가중되었습니다. 후쿠시마 원전이 쪼개지고 화재가 생겨 폭발하기까지 반나절도 걸리지 않았습니다. 일본 정부는 너무 당황한 나머지 헬리콥터로 원전에 물을 뿌려 식히는 데 급급했습니다. 잘못된 처방이었습니다. 만일 원전 상층부에 구멍을 뚫어 수소가 빠져나가게 했다면 폭발은 면했을 것입니다. 그러나 그런 생각을 할 만한 여유가 없었던 것입니다.

반면 소형원자로의 경우 모든 장치를 철강 용기에 내재화시켜 원자로 내의 물질이 밖으로 유출될 가능성을 줄입니다. 뿐만 아니라 설령 원자로에 사고가 생겨도 빠르게 원자로 주위를 물로 채워 식힐 수 있는 수조(pool)가 마련되어 있어 원자로가 녹아내려 폭발할 때까지 30일간의 여유를 가질 수 있습니다. 즉 유사 시 충분히 시간을 갖고 대책을 마련할 수 있다는 것입니다.

소형원자로에 대한 관심 증가 배경

핵연료로 쓰는 우라늄에는 원소기호 235, 238 두 종류가 있습니다. 이 가운데 우라늄 235가 핵분열을 통해 에너지를 생산하고, 우라늄 238은 배경(background)만 제공합니다. (앞서 말씀드린 대로) 소형원자로의 중성자 속도는 기존 경수로보다 빠릅니다. 그렇다면 중성자가 우라늄 235에 덜 유입되어 핵 분열이 저하될 수는 있습니다. 그런데 우라늄 235에 들어가지 못한 중성자가 우라늄 238로 유입되어 플루토늄을 만듭니다. 즉 새로운 핵연료가 생기는 셈이지요(= breeding). 특히 플루토늄은 우라늄과 구조가 달라 폐기물 가운데서 추출하기도 편합니다.

소형원자로는 핵폐기물을 기존 경수로보다 훨씬 효과적으로 연료로 재사용할 수 있습니다. 그래서 핵무기 제조 원료로의 폐기물 반출 가능성이 낮다고 알려집니다. 그러나 유사 시 핵무기 원료로 재사용할 수 있지 않을까요? 특히 플루토늄을 쉽게 추출할 수 있습니다.

한국과 일본의 고민을 생각해보세요. 점점 친환경 에너지 수입 부담이 증가하며 경상수지가 악화될 수 있습니다. 또한 지정학적으로 갈등이 고조되는 지역에 위치해 국방비 부담이 늘어날 것 같습니다. 소형원자로가 이 두 문제를 가장 경제적으로 해결할 수 있는 선택일 수 있습니다. 그리고 그런 나라가 늘어날 것입니다.

1991년 소련 연방 붕괴 당시 우크라이나에 수천 개의 핵탄두가 있었습니다. 우크라이나는 그 핵탄두를 러시아에 전량 반납하는 조건으로 독립했지요. 만일 우크라이나에 소량의 핵탄두가 남아 있었

관건은 특수금속

소형원자로는 기존 (경수로) 원자로보다 훨씬 고온에서 작동된다. 그 고온을 견딜 수 있는 특수금속을 찾는 것은 아직 매우 어려운 상황이다. 특수금속(super alloy)이란 고강도, 내열, 산화나 부식에 예외적인 성능을 보이는 금속들로, 주로 니켈, 코발트, 티타늄 베이스의 합금이다. 세계적으로 이런 특수금속을 생산하는 기업의 매출 및 이익 규모가 아직 작은 것을 보면 투자 대상이 되기에는 이른 단계이다. 이들이 먼저 성장해야 (고온에서 작동되는) 소형원자로나 핵융합의 보급도 가속화될 것이다.

다면 러시아가 쉽게 우크라이나를 침공할 수 있었을까요?

호주는 세계에서 우라늄 매장량이 가장 많은 나라입니다. 하지만 자국 내 사용을 금지했고, 수출만 가능했습니다. 에너지를 석탄, 천연가스에 의존한 것이지요. 이제는 호주도 원자력 에너지 사용을 검토하고 있습니다. 영국, 스웨덴, 일본을 포함한 다른 국가도 에너지 안보를 위해 원자력으로 돌아서고 있습니다.

중국이 배터리 시장을 망가뜨릴까?

이동형 로봇과 배터리 수요

배터리 수요는 주로 전기차가 견인하고 있고, 증시의 기대도 그곳에 머물러 있습니다. 그런데 2018년을 정점으로 세계적으로 경제활동 인구가 줄어들기 시작했습니다. 출산율 하락의 후유증이지요. 향후 더 심화될 것입니다. 일할 수 있는 사람이 부족하면 기계가 대신해야 합니다. 또한 선진국에서도 제조업을 할 수밖에 없습니다. 미국도 중국으로부터 직업을 빼앗아 오려 합니다. 그러려면 상대적으로 높은 인건비를 극복해야 하므로 (생산성이 높은) 기계를 사용해야 합니다. 그 결과 공장에서는 점점 기계가 사람을 대신할 것입니다. 물론 공장의 기계들은 전선(cable)을 통해 에너지를 공급받을 수 있습니다. 그런데 공장 자동화가 진행될수록 이동형 로봇이 늘어날 수밖에 없고, 그들은 배터리가 필요합니다. 이미 레스토랑에서 로봇이 음식을 운반하는 모습은 흔한 일입니다.

특히 드론을 통한 운송이 보급되면 배터리 수요가 급증할 것입니다. 아직 상업용 드론이 본격적으로 도입되지 못하는 이유는 크게 세 가지를 들 수 있습니다. 첫째, 공중 교통(route and traffic)에 대한 규정이 마련되지 못했고, 둘째, 안전 문제가 남았습니다. 드론에 폭발물을 담아 시설물을 공격할 수 있고, 드론을 통한 사진 촬영으로 사적 정보를 훔칠 수도 있습니다. 이 문제는 현재 이미 벌어지고 있습니다. 아직 드론 추락을 예방할 수 있는 방안도 마련되지 않았습니다. 셋째, 배터리 1회 충전 시 드론의 비행거리가 충분하지 않아 화물운송용으로 사용하는 데 한계가 있습니다. 그러나 배터리의 용량 및 1회 충전 시 비행거리가 확충되고, 드론 이용 관련 규정이 만들어지면 배터리 수요는 점프할 것입니다.

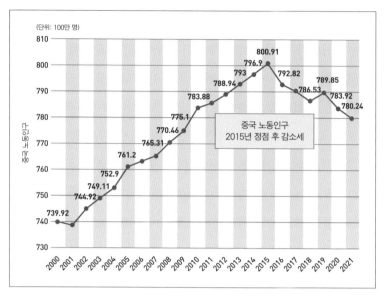

중국의 노동인구 감소세

(단위: 100만 명)

중국 노동인구 2015년 정점 후 감소세

자료: Statista

배터리의 한계와 나노 소재

배터리 1회 충전 시 주행거리와 사용 시간을 개선하기 위한 전략으로 양극재(니켈, 코발트, 망간) 중 니켈의 비중을 높이는 방안이 강구되었습니다(= 니켈은 리튬이온을 잘 붙잡습니다. 양극의 단위면적당 리튬이온 저장량을 키워 에너지 밀도를 높이는 방법입니다). 이를 하이 니켈(high nickel)이라고 부릅니다. 지금은 니켈 비중을 88%까지 올린 상태이며, 이론적으로는 95%까지 상승시킬 수 있는데, 이 경우 1회 충전을 하면 자동차 주행거리가 600km 이상이 되어 석유 자동차와 차이가 없어집니다.

남은 문제는 충전 시간입니다. 현재 고속충전 배터리라도 1회 충전 시 30분 이상 소요됩니다. 고속충전이 아닌 경우 가정에서 일반 충전기로 한다면 밤새 걸릴 것입니다. 충전 속도를 높이려고 음극재에 실리콘을 섞습니다. 지금 음극재로 쓰는 물질은 흑연인데, 실리콘은 흑연보다 리튬이온을 저장할 수 있는 공간이 5배 많습니다. 그만큼 배터리 용량이 커지고, 빠른 충전도 가능해집니다. 특히 실리콘은 반도체 소재로도 쓰입니다. 즉 실리콘에 불순물을 섞어서 전도성을 개선시킬 경우 충전 속도를 더 높일 수 있습니다.

문제는 실리콘이 부풀어 부피가 변하는 점입니다. 잘못하면 배터리가 손상될 수도 있습니다. 실리콘을 사용하면 배터리 내 전극과 전해질 사이에 생기는 얇은 막(SEI layer)에 이상이 생길 수 있습니다. 이 얇은 막은 배터리 전극 물질이 전해질에 녹아 생기는데, 전극 물질과 전해질이 과도하게 반응하지 않고 일정하게 작용할 수 있도록 돕습니다. 그런데 실리콘을 쓰면 이 막이 균일하지 않거나 두꺼워지는 경향이 생깁니다. 즉 전지의 성능이 떨어지거나 터질 수도 있지요.

이를 보완하기 위해 첫째, 실리콘을 나노(nano meter=$1/10^9$미터) 크기로 미세하게 줄여 사용합니다. 미세 입자이므로 부풀어도 문제되지 않는다는 것이지요. 둘째, 실리콘을 탄소나노튜브(CNT)에 싸서 음극에 바르는 방법을 강구 중입니다. 또는 탄소나노튜브 자체를 음극재로 사용할 수도 있습니다. 탄소나노튜브 역시 미세 입자입니다. 따라서 전극의 구석구석에 바를 수 있고, (큰 공 하나보다 작은 알갱이가 여럿 모인 것이 넓은 표면적을 갖는 것처럼) 표면적이 확대되어 반응성(전도성)

이 우수합니다.

나노 소재에도 문제는 있습니다. 첫째, 리서치가 아직 미흡합니다. 나노 물질을 배터리 소재로 연구하기 시작한 것이 2000년대 초반이므로 20년도 되지 않았습니다. 나노 소재를 다른 물질과 섞을 때 어떤 부작용이 있을지 아직 잘 모르는 것이지요. 둘째, 너무 입자가 고와 미숫가루처럼 뭉치는 경향이 있습니다. 이를 고르게 바르는 방법도 아직 연구 중입니다. 셋째, 나노 소재를 물성이 좋은 구조로 변형하여 대량생산하는 데 많은 에너지가 소모됩니다(무늬를 넣거나 분자 구조를 바꿔서 물성 좋게 형태를 바꾸기 어렵습니다). 즉 비용 부담이 크다는 것이지요.

전기차에 있어 차세대 전지로 개발 중인 전고체 전지도 나노 입자를 활용합니다. 자동차 업체 입장에서 배터리의 성능보다 안전이 더 중요합니다. 배터리의 성능은 충전소를 더 보급하는 방식으로라도 보완할 수 있지만 배터리가 폭발해 사망사고에 이를 경우 집단소송에 휘말려 기업이 문을 닫을 수도 있습니다. 지금 리튬이온 배터리의 전해질은 휘발성 액체라서 폭발 가능성이 있습니다. 그래서 전해질을 폭발성이 덜한 고체로 바꿔보자는 차원에서 전고체 전지가 개발 중에 있습니다. 문제는 전해질이 고체면 반응성이 떨어져 배터리의 성능이 저하될 수 있다는 것입니다. 따라서 고체 전해질에 반응성(또는 전도성)이 높은 나노 입자를 섞어 배터리 성능을 보완하자는 노력인데요, 배터리를 사용할수록 빠르게 노후화되는 등 아직 문제를 해결하지 못하고 있습니다.

전고체 전지로 게임체인저를 꿈꾸는 도요타

전고체 전지의 장점은 화재 우려가 낮다는 것 이외에 배터리 용량이 커질 수 있다는 점이다. 전극과 고체인 전해질이 밀착되어 둘 사이의 인터페이스(interface)를 최적화할 수 있고, 그 결과 전극에 리튬이온을 더 많이 담을 수 있다. 그만큼 배터리 용량이 커질 수 있다. 즉 1회 충전 시 주행거리가 늘고, 충전 시간도 짧아진다.

도요타는 파나소닉과 합작해서 전고체 배터리를 개발 중인데, 2027년까지 전고체 전지의 크기·무게·비용을 반으로 줄이고, 배터리 소재의 생산 과정을 단순화해 전고체 전지의 가격을 지금의 액체 전해질 리튬이온 배터리와 같거나 싸게 상용화하겠다는 계획이다. 그때까지 나노 입자를 섞어 전도성을 높일 때의 부작용, 즉 배터리 수명 단축(degradation, 노후화) 문제도 해결하겠다는 포부가 있다. 이것이 성공하면 도요타의 전고체 배터리 자동차는 1회 충전으로 1200km를 달릴 수 있고, 1회 충전 시간은 10분 이내로 짧아질 것이다. 이는 테슬라가 장악하고 있는 전기차 시장의 판도를 바꾸는 게임체인저가 될 것이다. 물론 액체 전해질 배터리의 성능 개선도 진행 중이라서 아직 전고체 배터리가 대세라고 단언할 수는 없다. 지금부터는 그동안 테슬라의 약진을 관망했던 기존 자동차 업체들이 새로운 배터리를 소개하며 전기차 시장의 경쟁이 가열될 전망이다.

전기차 업체와 배터리 업체, 누가 주도권을 쥘 것인가

　도요타가 전고체 전지를 성공적으로 개발해서 전기차 시장을 석권할 수도 있습니다. 애플은 어떨까요? 스마트폰에 더 무겁고 복잡한 기능을 탑재해야 더 스마트해질 것입니다. 예를 들어 3차원 가상 공간을 구현하려면 스마트폰 배터리 용량이 훨씬 커져야 합니다. 애플은 배터리 음극을 100% 실리콘 소재로 바꾸려고 시도합니다. (다시 말씀드리지만) 실리콘은 지금의 음극재인 흑연에 비해 리튬이온 저장 능력이 5배나 됩니다. 단, 실리콘의 부피 팽창 및 수축이 커서 배터리 내구성이 문제될 수 있습니다.

만일 애플이 100% 실리콘 음극재 배터리 개발에 성공해서 아이폰에 탑재하고, 전기 소모가 많은 우월한 콘텐츠를 아이폰만 구현할 수 있다면 삼성 갤럭시는 어떻게 될까요? 그러면 삼성은 가만히 있을까요? 결국 경쟁력을 결정하는 배터리 제조를 외부 업체에 맡길 수 없고, 직접 개발할 것입니다.

(우월한) 배터리를 직접 개발한 제조업체들은 자신들이 설계한 배터리를 싸게 만들어줄 부품 공급 업체를 찾을 것입니다. 그렇다면 LG에너지솔루션, 삼성SDI 등 한국의 배터리 전문 생산업체의 부가가치는 줄어들 수 있습니다. 물론 원격 조종이 필요한 기계의 증가로 인해 배터리 수요가 급증할 것이라는 기대가 있지만 배터리 하나당 부가가치는 지금보다 작아질 수 있다는 것이지요. 배터리 생산에서도 확실한 차별성이 없는 부품업체는 부가가치를 잃을 수 있습니다.

이런 위험에서 벗어나려고 배터리 생산업체는 제조업체와 합작을 서두릅니다. LG에너지솔루션은 혼다(Honda)와 합작해 미국 오하이오에 배터리 공장을 설립합니다. 여기서 LG의 지분이 51%입니다. 전기차 업체보다 배터리 생산 업체가 주도권을 쥔 것이지요. 그러나

"합작은 깨지기 위해 존재한다"는 말이 있습니다. 헤어질 때 이득을 위한 계산을 벌써부터 한다는 것이지요. 지금은 전기차 업체가 배터리 분야에 생소한 부분이 있어 저자세로 임하지만 가장 부가가치가 높은 부품인 배터리를 언제까지나 전적으로 외주에 의존하지는 않을 것입니다. 토사구팽이지요. 배터리 설계는 전기차 업체 내부에서, 그리고 생산만 외부에 맡기는 역할 분담이 예상됩니다.

공격적으로 배터리 생산시설을 확장하는 중국

중국의 배터리 생산능력은 2023년 1,500기가와트(GWH)에 이를 전망입니다. 이는 2,200만 대의 전기차에 탑재할 수 있는 규모이며, 중국 국내 배터리 수요의 2.3배에 이릅니다. 즉 수출 부담이 큽니다. 그런데 중국의 설비 확장은 이제 시작입니다. 2027년경 중국 내 배터리 생산능력은 국내 수요의 4배까지 확대될 예정이며, 이는 2030년까지 중국 생산 자동차가 모두 전기차로 바뀐다 해도 필요 배터리의 2배에 해당됩니다. 특히 배터리 설계는 제조업체가 내부적으로 하고 생산만 외주에 맡길 경우 배터리 생산업체 선정에 있어 가격 경쟁력이 중요해지는데, 이때 보조금을 받는 중국 업체가 유리할 수 있습니다. 물론 (보복관세 관련) 법적 공방은 있겠지만 말입니다.

미국은 반도체와 배터리 부문에서는 전략적으로 중국의 접근을 차단합니다. 반도체는 처음부터 미국의 기술이었고(국방용으로 개발), 그래서 반도체 소재·부품·장비에 있어 미국의 입김이 작용합니다. 미국이 반도체 관련 기술을 쉽게 통제할 수 있는 것이지요. 반면 배터리 생산기술은 (설계기술과 달리) 비교적 단순합니다. 배터리 소재를 나노 파우더로 곱게 갈아 접착제와 혼합하고, 잘 섞이게 용해제를 첨가한 다음 얇은 막으로 뽑아내는 기술로, 불량을 최소화하는 요령 (노하우)이 경험적으로 얻어집니다. 특히 배터리 양극재와 음극재 파우더의 생산 인프라를 보면 중국에는 200개가 넘는 공급업체가 있는 반면 한국은 (포스코 퓨처엠, 에코프로 등) 몇 개에 불과합니다. 즉 (LG 에너지솔루션, 삼성 SDI 등) 한국의 배터리 생산업체는 파우더의 품질을 소수 업체에 의존해야 하지만 (CATL 등) 중국 업체는 여러 경로를 통해 다양한 파우더를 얻을 수 있어 품질 관리가 수월합니다.

이미 중국의 CATL은 세계 배터리 생산량의 37%를 차지하며 선두를 달리고 있습니다. 중국 정부 입장에서 성장의 축인 반도체 국산화에 당분간 차질이 있다면 성장의 다른 축인 배터리에서 더 약진하여 보상받고 싶을 수 있습니다. 중국 정부는 육성하려는 산업이 있을 때 보조금 및 은행 대출 지원을 통해 기업을 무분별하게 키웁니다. 그 과정에서 국내 산업의 공급과잉(red ocean)이 심해지면 수출 물량이 늘어나고, 세계 시장도 공급과잉의 혼란을 겪게 됩니다. 철강, 알루미늄, 태양광 패널이 대표적인 사례이며, 정유, 화학, 조선, 자동차 등 많은 산업에서 중국 업체의 도전을 경험했습니다. 그래서 중국이 시장에 진입하면 해당 산업에 대한 투자를 포기하는 펀드매니저가 많았습니다. 특히 중국이 국가 차원에서 보조금을 지급하며 양성한 기술은 개별 기업에 귀속되지 않고, 국가가 소유하며 산업 전체에 나눠줍니다. 그 결과 공급과잉이 가속화되는 것이지요.

리튬인산철 배터리에서 중국의 약진

기존 리튬이온배터리는 양극재에 니켈, 망간, 코발트(NMC)를 섞는 반면 리튬인산철(LFP) 배터리는 저렴한 철과 인산(PO_4)을 사용합니다. 둘의 차이를 쉽게 설명하면 기존 NMC 배터리의 경우 리튬이온이 다닐 수 있는 통로가 여러 개인 반면, LFP 배터리는 하나의 통로만 있다고 생각하면 됩니다.

그렇다면 NMC 배터리보다 LFP 배터리는 (저렴하지만) 성능은 떨어질 것입니다. 반면 폭발 위험은 덜하겠지요. 배터리 과열 시에도 리튬이온이 한꺼번에 나와서 발화되지 않고, 하나의 통로로 조금씩 새어 나와 천천히 녹아내리기 때문입니다. 사실 전기차 제조사 입장에서 성능보다 (생명과 직결되는) 안전이 중요합니다. 그래서 LFP에 관심을 가졌던 것이고요.

그러나 3년 전에는 중국조차도 (실망스러운 성능 때문에) LFP에 대해 회의적으로 생각했고, LFP는 중국 내 배터리 생산량의 18%를 차지하는 데 불과했습니다. 지금은 60%까지 올라왔습니다. 저성능 문제를 극복하고 있기 때문인데, 우선 LFP 배터리를 파우치 형태에서 각형으로 바꿨습니다. 즉 배터리 셀을 얇게 만들어 표면적을 넓힌 결과 반응성이 개선되고, 얇은 셀을 넓은 각으로 말아서 열이 쉽게 빠지도록 설계한 것이지요. 그만큼 배터리가 안전하고, 덜 노화됩니다.

특히 LFP 배터리의 셀은 (PO_4의 구조상) 벌집모양으로 단단해서 내구성도 좋고, 셀을 작게 만들 수 있습니다. 즉 반응 공간이 좁아도 되므로 충전 속도 개선에 도움이 됩니다. CATL은 1회 충전 시 10분

배터리 세계시장 점유율

순위	기업명	국적	점유율(%)
1	CATL	중국	35.0
2	BYD	중국	16.2
3	LG에너지솔루션	한국	14.5
4	Panasonic	일본	9.0
5	SK On	한국	5.3
6	삼성SDI	한국	4.9
7	CALB	중국	4.3
8	Gotion High-tech	중국	2.2
9	Eve Energy	중국	1.8
10	Sunwoda	중국	1.4
기타			5.3

자료: CNEPOST

에 400km 주행이 가능한 솔루션을 제공했고, 15분이면 700km까지 확대할 수 있다고 합니다. 이제는 유럽, 미국에서도 LFP 배터리에 관심을 갖고 있고, 중국 배터리 업체는 해외 진출을 모색하고 있습니다. 포드(Ford)는 CATL과 제휴하여 미국에서 LFP 배터리 생산을 위한 라이센스 계약을 체결했습니다. 미국 정부의 불편한 입장에도 불구하고 말입니다.

특히 LFP에 망간(M)을 섞어 성능을 보완하는 LMFP로의 변신을 시도하기도 합니다. 결국 LFP 배터리가 저성능 전기차에 머물러 있다가 조금씩 기존 NMC 배터리 시장을 잠식해오고 있습니다. 물론 고성능 NMC 배터리를 대체하는 데는 한계는 있겠지만요.

주력 기업들

'한국전력' 투자가 위험한 이유

신재생 전기를 만들어도 그것들을 실어 나를 수 있는 전력망(grid)이 부족한 상황입니다. 그렇다면 전력망을 확충하거나 전기의 과부족을 스마트하게 해결하는 역할이 중요한데, 이를 전력망 관리 업체들이 담당합니다.

미국에는 PJM 인터커넥션(PJM Interconnection)이 대표적인 기관입니다. 그런데 공공기관이라서 투자는 불가능합니다. 공공기관이라는 의미는 공익을 위한 서비스가 우선이며, 기업의 사사로운 이윤은 희생될 수 있음을 의미합니다. 한국에서는 한국전력이 이런 역할을 담당하는데 거래소에 상장되어 있습니다. 이윤을 추구하기 어려운 공기업에 투자한다는 것 자체가 어색하지요.

수소연료전지 & 린번

각광받기 전 해결해야 할 문제들

수소연료전지는 신재생 전기로 물을 분해하여 수소를 얻을 수 있고, 반대로 돌리면 수소를 투입해 전기를 만들 수 있습니다. 수소 연료전지를 대형 발전 설비, 자동차에 들어가는 소형 연료전지로 크게 구분할 수 있습니다. 대형 연료전지는 내구성이 관건입니다. 글로벌 업체인 A사는 발전용 수소 연료전지를 판매했다가 이윤보다 고장 수리비가 훨씬 커서 그 사업을 접었습니다. 향후 내구성의 문제가 해결되면 발전용 수소연료전지가 보급될 것입니다.

이 분야에서는 캐나다의 발라드 파워 시스템스(Ballard Power Systems)가 대표적입니다. 미국의 블룸 에너지(Bloom Energy)도 연료 전지를 활용해 발전하고 있는데 수소뿐 아니라 천연가스, 바이오 매스 등 다양한 연료를 사용하며, 연비 개선을 통한 친환경에 주력하고 있습니다.

한편 (지게차, 운송용 트럭 포함) 자동차 연료전지는 미국의 플러그 파워(Plug Power)가 대표적입니다(승용차 연료전지 분야에서는 도요타, 현대자동차가 앞서갔지요). 플러그 파워는 수소 저장 솔루션도 갖고 있고, 수소발전을 통해 지역의 전기 과부족을 해결하는 솔루션도 보유해 수소 활용이 본격화되면 가장 각광받을 기업입니다.

테슬라는 되고 니콜라는 실패한 이유

테슬라(Tesla)의 사업 초기에 '성공할 수 있겠다'고 판단한 이유는 자동차 분야의 귀재들이 포드(Ford), 지엠(GM)에서 테슬라로 옮겨간 것을 목격했기 때문입니다. 미국은 자동차 개발 및 생산 인프라가 발달했고, 그것은 인재도 그만큼 풍부하다는 의미입니다. 그런 천재들 입장에선 스톡옵션을 받아도 테슬라 주식이 좋았겠지요. 그 천재들 덕분에 일론 머스크는 자신이 하고 싶었던 것을 편하게 구현할 수 있었습니다.

니콜라(Nikola)도 그럴 줄 알았습니다. 자동차 산업 내 인재들이 니콜라에 모였습니다. 그런데 수소연료전지는 배터리보다 훨씬 복잡하고, 구성 부품도 많습니다. 배터리처럼 전문 생산업체도 없습니다. '스타트업'이던 니콜라가 모든 문제를 해결하는 데는 시간이 필요했고, 그 기간 동안 자금조달을 위해 CEO 트레버 밀턴(Trevor Milton)은 마치 성공한 것처럼 거짓말을 한 것으로 보입니다. 니콜라는 상장폐지의 위기에 몰리며 시가총액이 1조 원(주당 1.4달러, 2023년 7월 3일 기준) 안팎에 불과하지만 그 안의 인재들이 떠나지 않는 한 그 잔존가치를 인정받으며 수소 트럭에 관심있는 업체에 인수될 수도 있을 것입니다.

린번 엔진의 연료분사기와 새로운 수요

수소발전은 천연가스발전보다 이산화탄소는 덜 배출하지만 질소산화물(NOx)의 배출은 커집니다. 이를 막기 위해 린번(lean burn) 기술이 적용됩니다.

린번 기술은 일본 자동차 업체들이 연비 개선을 위해 오랜 기간 연구했습니다. 즉 자동차 엔진의 이상적인 연료와 공기의 배합 비율이 1:15로 알려져 있는데 공기의 양을 15 이상으로 강하게 밀어 넣는 것이지요. 공기 중 산소가 엔진 실린더 안으로 많이 유입될수록 연료가 완전 연소되어 연비가 높아집니다. 또한 연료를 이상적인 위치에 분사시켜 완전 연소를 유도할 수도 있고, 한번 태운 가스

(exhausted gas)에 공기를 주입하여 한번 더 연소시키기도 합니다.

이런 방법들이 질소산화물을 줄이기 위해 연료전지에도 사용될 수 있는데 여기에 사용되는 핵심 부품은 고압의 연료분사기이며, 이는 보쉬(Bosch) 브랜드가 유명합니다. 보쉬의 연료 주입 펌프가 디젤 엔진의 소멸로 인해 수요가 사라질 것으로 시장에 알려졌지만(즉 악재가 있지만), 새로운 수요가 있다는 말씀입니다.

소형원자로

뉴스케일 파워의 소형원자로

소형원자로(SMR)는 폭발 가능성을 줄이기 위해 냉각재로 (끓는점이 높은) 나트륨을 사용합니다. 빌 게이츠의 테라파워(Terra Power/비상장)가 그렇지요. 그런데 뉴스케일 파워(Nuscale Power)는 (기존 경수로처럼) 감속재와 냉각재로 물을 사용합니다. 그만큼 중성자가 우라늄에 들어가 핵반응을 일으키는 효율이 높습니다.

문제는 안전성인데요. 뉴스케일 파워는 안전성을 확보하기 위해 첫째, 원자로의 복잡한 장치들을 내재화하여 철강 용기(작은 격납고) 속으로 집어넣었습니다. 크기도 줄이고, 수증기기 샐 가능성을 최소화시킨 것이지요. 둘째, 핵 반응기와 증기 발생기 그리고 열 교환기 사이에 자연 대류를 유도했습니다. 원래는 원자로 내 증기의 순환을 위해 전기 펌프를 사용하는데, 뉴스케일 파워는 자연적으로 대류현상을 만들어 이를 생략했습니다. 전기 펌프를 사용할 경우 정전 시

사고가 날 수 있는데 이를 예방한 것입니다. 셋째, 유사시 철강 용기 주위로 물을 채워 식히는 장치를 마련했습니다.

그런데 뉴스케일 파워의 주가도 바닥을 기고 있습니다. 해결하지 못한 부분이 있기 때문이지요. 아마도 증기의 자연 대류가 안정적으로 이루어지지 않는 것 같습니다. 이 문제가 해결될 수 있는지 지켜볼 필요가 있습니다.

한편 소형원자로가 보급되면 우라늄 소모가 늘어날 것입니다. 세계적인 우라늄 생산업체로 캐나다의 카메코(Cameco)가 투자 가능합니다.

특수합금의 문제_니폰야킨공업

소형원자로의 경우 고온에서 견딜 수 있는 특수합금(super alloy)이 마땅치 않아 상용화에 걸림돌이 됩니다. 이는 핵융합도 마찬가지입니다. 핵융합(중수소, 삼중수소 같은)은 방사능 물질을 플라즈마로 가열한 후 자기장에 가두면 온도가 급상승하고, 마침내 핵융합이 일어나는데 1억 도 이상에서는 투입되는 에너지보다 핵융합으로 나오는 에너지가 많아 이를 활용하는 원리입니다.

현재 세계적으로도 특수합금을 생산하는 업체들의 규모가 상대적으로 작은데, 그 가운데 일본의 니폰야킨공업(Nippon Yakin Kogyo)은 안정적인 실적을 내고 있습니다. 상용화할 수 있는 특수금속의 범위가 상대적으로 넓은 것으로 보입니다.

테슬라보다는 엔비디아

아크 인베스트 CEO 캐시 우드(Cathie Wood)의 테슬라 목표 주가는 2,000달러입니다 (2023년 7월 5일 현재 주가 280달러). 그녀의 투자 포인트는 크게 두 가지입니다. 첫째, 전기차 시장의 팽창 가능성이 낙관적이고, 가장 큰 수혜는 테슬라가 얻는다는 점입니다. 그녀는 세계적으로 전기차 판매가 2022년 1,000만 대 정도에서 2027년경 6,000만 대로 늘어날 것으로 전망합니다(2022년 세계 자동차 판매는 6,700만 대). 둘째, 테슬라 제품의 부가가치가 계속 높아진다는 점입니다. 특히 자율주행 솔루션이 보급되면 자동차가 훨씬 스마트해지고, 고부가화된다는 설명입니다. 둘 다 맞는 논리이며, 테슬라 주가의 상승 기회는 분명 있습니다. 그러나 과장된 부분이 있어 보입니다.

우선 전기차 보급에 필요한 충분한 (신재생) 전기가 공급될까요? 미국의 경우 가솔린 자동차를 모두 전기차로 대체하려면 최소한 지금의 발전 용량의 40% 이상을 신재생 발전으로 증설해야 합니다 (화석연료 발전소를 증설할 경우 100% 이상을 늘려야 합니다). 기존의 화석연료 발전 시설도 신재생에너지 시설로 바꿔야 하는 상황에서 추가로 40%를 신재생으로 증설하기는 불가능해 보입니다. 특히 신재생 전기를 가져올 송전망의 문제도 있습니다.

차라리 자동차 수요가 감소하지 않을까요? 미래 사람들은 가상 디지털 공간에 모여 일하게 될 것입니다. 재택근무가 그것입니다. 굳이 출근할 필요가 없습니다. 코로나를 계기로 이런 추세는 가속화된 면이 있습니다. 그리고 사율주행이 도입될수록 자동차를 공유할 수 있습니다. 자동차가 스스로 돌아다니며 예약에 따라 여러 사람에게 서비스를 제공할 수 있습니다. 이렇게 스마트한 사회로 발전할수록 자동차 수요는 줄어들 것입니다.

한편 전기차 시장은 엄청난 경쟁을 앞두고 있습니다. 지금까지 전기차 시장을 관망하던 기존 자동차 업체들이 혁신적인 배터리를 앞세우며 신차를 소개하고 있으며, 가전제품처럼 여겨지는 저가 전기차도 (낮은 진입장벽으로 인해) 봇물처럼 흘러들 것입니다. 테슬라의 미국 내 시장 점유율은 2020년 79%, 2021년 70%를 기록했고, 2022년은 (리서치 기관인 S&P 글로벌 모빌리티에 따르면) 65%로 추정됩니다. 아직도 높은 수준이고, 특히 판매가격이 5만 달러 이상의 고가 전기차 시장에서의 점유율은 85%에 이릅니다. 그러나 S&P 글로벌 모빌리티(S&P Global Mobility)는 미국 내 전기차 모델이 2022년 48개에서 2025년에는 159개로 늘어날 것으로 전망하며, 테슬라 점유율도 20% 밑으로 떨어질 것으로 추정합니다.

한편 자동차가 더 스마트해지며 부가가치가 증가한다는 주장은 설득력이 있습니다. 2020년 현재 자동차 1대당 반도체 소요액은 700달러 정도입니다. S&P 글로벌 모빌리티는 전기차 내에 다양한 기능이 추가되어 2028년경에는 1대당 1,138달러의 반도체가 쓰일 것으로 전망합니다(= Vehicle electrification). 여기서 자율주행으로 발전하면 반도체 수요는 5배로 뜁니다(= Vehicle Digitalization). 이런 수혜를 테슬라도 누리겠지만 전기차 시장의 경쟁 심화, 자동차 수요의 감소 등의 위협이 잠복해 있는 테슬라보다는 기능성 반도체를 설계하는 엔비디아(Nvidia), ST마이크로 일렉트로닉스(STMicro electronics), 르네사스(Renesas) 등의 수혜가 더 확실해 보입니다. 또 거기에 핵심 디자인을 공급하는 암(Arm), MIPS, 인텔(Intel)의 성장에도 큰 도움이 될 것입니다.

나노소재

반도체와 신약

'나노 기술'이란 물질을 이루는 가장 작은 단위인 원자를 조절해 소재의 기능과 특성을 우리가 원하는 형태로 쉽게 가공할 수 있는 방법들을 의미합니다.

나노 소재에서 나노(nano)란 지름이 $1/10^9$ 정도의 작은 입자를 의미합니다. 소재를 극도로 작게 쪼개면 기존에 없던 물질의 새로운 성질을 얻을 수 있습니다. 예를 들어 나노 입자가 빛이나 열 등 에너지를 받으면 이를 증폭시킬 수 있고(퀀텀 점프), 작은 미립자를 모아놓으면 표면적이 넓어져 (화학) 반응성을 높일 수 있습니다.

앞서 배터리에서 전기를 통하게 하는 성질을 높이기 위해 니노 입자를 섞는다고 했는데, 그 외에도 디스플레이에서 색상이 더 선명하고 절전이 가능한 솔루션을 얻을 수도 있고, 태양광 패널의 발전효율을 높일 수도 있습니다. 물론 반도체의 소재로도 쓸 수 있습니다. 작은 소립자인 만큼 사람 몸의 환부에 쉽게 도달할 수 있어 약물을 나노 소재에 싸서 암세포 등 환부에 전달할 수도 있습니다.

지금은 나노 기술이 반도체와 신약 물질의 합성에 많이 보급되어 있습니다. 그 대표적인 업체로는 반도체 장비 및 소재 분야에서 엑셀리스 테크놀러지(AXCELIS Technologies), 온투 이노베이션(ONTO Innovation), 인테그리스(Entegris) 등이 있고, 바이오 신약 쪽에서는 써모피셔 사이언티픽(Thermo Fisher Scientific), 앨라일람 파마슈티컬스(Alnylam Pharmaceuticals) 등이 있습니다. 이들은 각 산업 환경의 영향을 받겠지만 나노 기술을 바탕으로 해당 분야를 주도하고 있습니다. 한편 순수 나노 소재 업체 가운데 미국의 나노 디멘션(Nano Dimension)은 3D 프린터에 나노 소재를 적층해 다층 회로 및 전자 부품을 만드는 초기 업체입니다.

탄소나노섬유에 관심 있다면, 도레이

탄소 나노의 경우 흑연에서 한층 걷어내어 만든 탄소원자 육각형을 그래핀(graphene)이라고 합니다. 그래핀을 말아 전기적 특성을 준 것이 탄소나노튜브(CNT)인데요, 이는 매우 가벼우면서도 강성이 있어 항공기, 자동차의 경량 소재로 일찍부터 적용되어 왔습니다. 향후 수소경제가 열리면 수소 저장 용기로도 널리 쓰일 것입니다. 수소는 입자가 작아 철강 용기의 경우 수소가 파고들어 비스킷처럼 부스러지기 때문입니다.

문제는 비용입니다. 흑연을 다이아몬드로 바꿀 수 있느냐는 질문을 자주 들어보셨을 것입니다. 모두 탄소로만 구성되어 있으므로 구조만 바꾸면 됩니다. 그러나 그러려면 엄청난 에너지가 소요되기 때문에 차라리 다이아몬드를 사는 것이 낫겠지요. 결국 이미 형성된 물질의 분자구조를 바꾸기보다 물질의 형성 과정에서 원하는 물성을 낼 수 있는 구조대로 반응시키는 기술이 중요합니다. 한편 나노의 상태를 유지하기 어렵거나, 나노 입자가 다른 물질과 반응해서 생기는 부작용 등이 충분히 조사되지 않은 문제도 있습니다.

현재 나노 기술은 IBM, 삼성, GE, 다우케미칼 등 관련 대기업도 사업 부문으로 놓고 연구 중입니다. 투자를 한다면 가장 먼저 상용화되어 있는 탄소섬유부터 볼 필요가 있고, 이 분야는 현재로서는 일본의 도레이(Toray)가 가장 뛰어납니다.

중국의 배터리 생산 인프라

(자동차, 로봇, 휴대폰 등) 모바일 기기가 스마트해질수록 전기 소모가 증가합니다. 결국 배터리 용량이 스마트 기기의 경쟁력을 좌우할 수 있으므로 혁신 배터리 설계 업체에 변화가 생길 것입니다. 지금까지 우리가 알던 배터리 전문 생산업체가 아닌 모바일 기기 생산업체가 혁신 배터리 설계도 아우를 것으로 보입니다. 이 분야에서 도요타, 애플 등이 두각을 나타내고 있습니다.

물론 테슬라도 배터리에서의 차별화를 기획하고 있습니다. 그동안 테슬라는 배터리 내 셀(cell) 간을 연결하는 탭(tab)을 제거하고 셀들을 직접 연결해 배터리 에너지의 밀도를 높였습니다. 그 결과 1회 충전 시 주행거리 및 성능이 개선되었습니다. 또한 탭이 사라져 고장 가능성이 줄고, 배터리 내 열을 효과적으로 분산시킬 수 있어 배터리 노화를 방어할 수 있습니다. 배터리 노화에 가장 직접적으로 악영향을 끼치는 것은 저항과 그로 인해 발생되는 열입니다. 즉 테슬라는 배터리 운영체계(BMS: Battery Management System) 소프트웨어의 개선을 통해 배터리 내구성을 향상시키고 있습니다.

한편 테슬라는 배터리 소재 가운데 코발트를 비롯한 비싼 소재를 사용하지 않는 저렴한 배터리 개발에도 노력 중입니다. 그래야 전기차 보급이 수월해지니까요. 대표적인 예가 리튬인산철(LFP) 배터리입니다. 기존 배터리는 양극재에 니켈, 코발트, 망간을 사용해 에너지 밀도를 높였는데 이런 소재의 조달이 어렵고 비싸기 때문에 철(Fe)이나 인(P)같이 싼 소재로 대체하려는 것입니다. 리튬인산철 배터리는 저렴하고, (벌집모양의 구조상) 내구성도 좋습니다. 단, (니켈, 코발트, 망간 배터리보다) 전기차의 출력이 약하고, 1회 충전 시 주행거리도 짧습니다. 테슬라는 리튬인산철 배터리의 약점을 보완해 가급적 성능 면에서 니켈, 망간, 코발트 사용(NMC) 배터리와의 차이를 줄이려고 연구 중입니다.

테슬라는 중국에서 모델3에 리튬인산철 배터리를 적용했습니다. 큰 출력 없이 작고 저렴한 전기차 수요가 많은 중국 시장을 겨냥한 것이지요. 만일 테슬라가 리튬인산철 배터리의 성능을 보완해 기존 배터리 수준까지 끌어올릴수록 전기차 가격이 낮아져 보급이 가속화되고, 배터리 생산 주도권도 한국에서 중국 업체들로 넘어갈 수 있습니다. 인산철 배터리의 생산 인프라는 중국에 발달되어 있기 때문입니다. 미국 정부는 싫어하겠지만 말입니다. 테슬라가 리튬인산철 배터리의 기능을 향상시켜 기존 니켈, 망간, 코발트(NMC) 배터리 시장을 잠식해갈수록 리튬인산철 배터리 생산 능력과 노하우를 가진 중국의 CATL이 성장 기회를 얻을 것입니다.

배터리 개발 업체의 관심은 성능 및 안전성 개선도 있지만 소재를 다각화해 소재 공급 부족이나 가격 급등 위험을 제거하는 부분도 포함됩니다. 리튬인산철(LFP) 배터리도 그 일환인데, 만일 그 성과가 지지부진하다면 소재(희귀금속) 생산업체에 대한 의존도가 커질 수밖에 없습니다. 즉 앨버말(Albemarle)이나 SQM 같은 원자재 공급업체의 주가가 오를 수 있습니다.

한편 배터리 생산 과정에서 (양극재, 음극재 관련) 나노 파우더를 잘 섞이게 하는 용해제(NMP) 등 소모품은 바스프(Basf)나 솔베이(Solvay) 같은 역량 있는 정밀화학 업체에서 만듭니다.

4장의 핵심 포인트

∨ 기존 송전망을 활용할 수 있는 수소 및 소형원자로에 관심을 가져라.

∨ 산유국들을 중심으로 수소경제가 일찍 열릴 것이다.

∨ 안보문제 해결을 위해 소형원자로의 채택이 빨라질 수 있다.

∨ 한국 업체들의 배터리 선점 효과가 지속될지 의심하라.

∨ 제품 차별화를 위해 배터리 설계를 스스로 할 것이다.

∨ 도요타, 애플은 차세대 배터리 개발에 성공할까?

∨ 신소재인 나노기술의 진화에 주목하라.

∨ 테슬라보다는 엔비디아!

- 지금까지 주가에 반영된 사실들

- 아직 시장이 간과하고 있는 미래

- 주력 기업들

CHAPTER 5

늘어나는 빚과 부의 불균형을 해결할 수 있을까?

INTRO

세계 경제는 이미 저성장으로 돌입했습니다. 세계적으로 저출산과 인구 노령화로 인해 노동력은 부족하고, 노년 생활에 대한 불안은 소비를 위축시킵니다. 일하는 기계가 늘겠지만 기계는 소비하지 않습니다. 저성장을 극복하기 위해 제도권 규제를 이탈해 새로운 부가가치를 만들려는 움직임이 일고 있고, 그 중심에 디지털 암호화폐가 있습니다. 천재들을 중심으로 암호화폐 플랫폼을 혁신적으로 개선하려는 시도도 나타나지요. 대표적인 예가 리플(Ripple)의 XRP입니다.

맞춤형 스마트 솔루션 수요가 급증하고 대중을 스마트하게 교육하는 도구 개발, 디지털 가상화폐와 관련한 성장이 이뤄질 것으로 보입니다.

빅테크 플랫폼의 경제 장악 능력은 더 커질 것으로 보입니다. 마이크로소프트, 구글, 애플, 아마존 등의 빅테크 기업은 민간 경제를 주도할 것입니다. 그들이 인공지능을 주도하며 해법을 만들기 때문입니다.

한편 부의 불균형은 지금보다 더 심화되고, 부자들이 구매력을 장악할 것입니다. 저성장 시대라고 해서 부자들의 사치재(Luxury) 수요가 줄지는 않습니다. 오히려 지속적으로 증가할 것입니다. 그럼 그들이 원하는 한정판에 주목해야 합니다. LVMH(고급 사치재), 강남 주택, NFT에 대한 수요는 상승하고, 애플이나 BMW 같은 회사는 더 고부가화에 집중해 부자들을 공략할 것입니다.

지금까지 주가에 반영된 사실들

인간의 수명과 재정의 상관성

　노인들은 소비보다 저축에 관심이 많습니다. 그 결과 기업의 투자가 저조하고, 경제활동이 약해집니다. 즉 인구 고령화라는 추세 속에 세금 수입 기반이 약화됩니다. 특히 오래 사는 사람이 늘수록 (사람들 사이에) 헬스케어 비용이 기대 이상이라는 사실이 경험되고, 전파됩니다. 더 많은 사람이 소비를 줄이고, '미래의 약값'을 위해 저축할 것입니다. 그럴수록 경제는 더욱 저성장에 돌입합니다. 그만큼 세금 수입도 줄게 됩니다.

　우리나라는 연금을 내는 젊은이들에게 돈을 받아 늙은 연금 수령

자들에게 지급합니다. 서구 선진국과 다른 구조입니다. 한국은 은퇴한 노인이 급증하는 반면, 출산율이 급락해 연금을 낼 수 있는 젊은 경제활동 인구가 크게 감소하고 있습니다. 따라서 연금에 심각한 구멍이 날 수밖에 없고, 이는 모두 세금 부담이 될 것입니다. 한국의 한 연금의 경우 전체 자산은 9조 원인데, 한 해 수익자에게 지급할 돈이 11조 원이었습니다. 즉 연금 자산 규모가 한해 지급할 돈도 안 되는 것이고, 결국 세금으로 충당할 수밖에 없을 만큼 부실화된 것으로, 이것은 한국 연금의 '말로'일 수 있습니다.

금리 논쟁

블랑샤르와 서머스

2008년 금융위기 이후 금리가 지속적으로 하락했습니다. 금융기관 부실로 인해 늘어난 공공부채를 감당하기 위해서는 금리를 낮춰야 했던 것이지요. 그 결과 금융자산 가격은 일방적인 상승세를 보였습니다. 그래서 투자자들은 자산 가격이 떨어지면 별 고민없이 사는 습관(Buy the dip)이 생겼습니다. 그런데 코로나 쇼크 이후 인플레가 불거지며 금리에 대한 논쟁이 벌어졌습니다.

래리 서머스(Larry Summers) 전 미국 재무장관과 올리비에 블랑샤르(Olivier Blanchard) 전 IMF 수석 이코노미스트는 2023년 3월 7일 피터슨 연구소(Peterson institute for international economics)에서 대담을 나눴습니다. 블랑샤르는 은퇴하는 노인의 증가로 인해 구조적으

서머스 vs. 블랑샤르

출처: PETERSON INSTITUTE FOR INTERNATIONAL ECONOMICS

로 소비가 줄고 저축이 늘 수밖에 없다고 주장했습니다. 즉 금융자산 저축 증가세로 인해 자산 가격이 상승하고, 그 결과 투자수익률이 하락할 수밖에 없으며, 시중금리도 (코로나 쇼크 및 우크라이나-러시아 전쟁의 후유증만 소멸되면) 빠르게 낮아질 것으로 판단했습니다. 즉 돈이 갈 곳이 없어(= 저성장으로 인해 투자될 프로젝트가 부족하여) 금융자산의 가격 거품이 형성된다는 논리입니다. 그는 인간의 기대수명이 증가하며 사람들은 더 저축에 예민해질 것으로 보았습니다. 특히 중국의 경우 과거 노인이 노후를 자녀에 의존했지만 이제는 그럴 자녀가 부족해 더 저축해야 한다고 주장합니다.

지난 10년은 블랑샤르의 논리를 기반으로 진행되었습니다. "금리를 낮춰 새로운 성장을 도모하자"는 것이었지요. 그 중심에 스타트업이 있었고, 그들 가운데 유니콘으로 성장한 기업도 탄생했으며,

경제의 혈액인 돈도 스타트업으로 흘러들었습니다.

반면 서머스는 기대수명의 증가세가 급격히 둔화되고 있고, 또한 은퇴가 늦어지며 노인도 정상적인 소비를 할 수 있는바, 저축의 수요가 급증하지 않을 것으로 전망합니다. 그는 지난 10년 저금리 정책이 잘못되었다고 생각합니다. 금융위기 이후 그렇게 돈을 풀고 빚을 낼 필요까지는 없었는데 그런 것들이 포퓰리즘이며, 그 부작용으로 사람들이 근거 없는 투기의 습관을 갖게 되었다는 것입니다. 이제는 '정상으로 회귀'해야 하며, 이를 위해 (인플레 중립적인) 실질금리가 1.5~2.0%는 유지되어야 한다고 주장합니다. 지속가능한 인플레를 연 2%로 본다면 시중금리(미국 10년물 국채 금리)가 3.5~4.0%는 유지되어야 한다는 것이지요.

서머스 견해에 대한 김학주의 반론

기대수명이 늘어나는 데 한계가 있다는 점에 동의합니다. 현대 의학이 발달해서 암을 치료해도 암의 근본 원인이 면역력 약화이므로 다른 암에 걸리겠지요. 하지만 서머스는 인간의 '노후 안정'에 대한 절실함을 간과합니다. 은퇴한 사람들이 알 수 없는 그들의 미래를 위해 저축하려는 욕구는 놀랍도록 강하지요. '늙어빠진' 일본의 노인들이 죽기 전까지 저축하는 것을 보면 인간 내면의 불안함이 얼마나 큰지 실감할 수 있습니다. 그리고 노인이 열심히 일하고 싶을까요? 적당한 스트레스는 좋지만 평생을 고생했는데 이제는 쉬고 싶겠지요. 역량 있는 은퇴 노인을 연결(networking)해 중소기업의 문제를 해결해주는 플랫폼이 있지만 성공적이지 못합니다. 왜냐하면 은퇴 노인이 최선을 다할 필요가 없기 때문입니다. 결국 저금리로 회귀할 것입니다.

양적완화(QE)가 유지될 수밖에 없는 구조적인 이유

시중에 돈이 풀리는 구조적인 이유를 '공공부채'(= 정부의 빚)의 증가라고 했습니다. 미국은 정부의 빚 상한선을 계속 올리고 있고, 다른 대부분의 나라도 마찬가지 입장입니다. 지금의 세금 수입으로는 불어나는 정부 지출을 충당하기 어렵습니다. 저성장 속에서 세금 수입은 정체되는 반면, 은퇴인구가 늘며 연금 및 헬스케어 비용이 급증합니다. 글로벌화로 인한 협력체제가 깨지며 국가 간 갈등이 고조되고, 국방 비용이 늘어납니다. 또한 친환경으로의 급격한 이동은 에너지 비용마저 증가시킵니다. 특히 부의 불균형이 심화되어 늘어나는 가난한 자들을 돌보려면 빚이 더 증가할 수밖에 없겠지요.

정부가 (부족한 재정만큼) 빚을 내기 위해 국채를 발행합니다. 그런데 발행한 국채를 시중에 쏟아부으면 시중 채권 가격이 폭락하고, 시중금리가 급등해 시장이 교란됩니다. 따라서 국채 발행량의 일부를 중앙은행이 신규 화폐를 발행해 매수하게 되고, 이 과정에서 신규 유동성이 시장에 흘러듭니다.

그렇게 늘어난 유동성이 경제 저성장으로 인해 기업에서 투자자금으로 활용되지 못하면 결국 금융시장으로 와서 자산 가격의 거품을 일으킵니다. 이것이 2008년 금융위기 이후 우리가 봐온 모습이

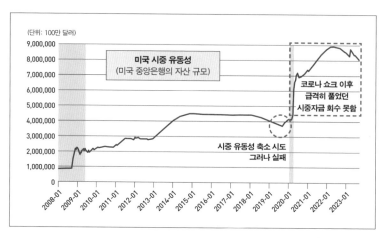

시중 유동성 회수의 어려움

자료: St. Louis Fed

며, 앞으로도 지속될 수밖에 없습니다.

코로나 쇼크 이후 공급망 붕괴에 따른 기형적인 (비용 상승) 인플레를 억제하기 위해 미국 중앙은행은 급하게 금리를 올렸습니다. 그러나 시중에 풀렸던 유동성을 회수하지 못합니다. 미국 중앙은행이 시중에 유동성을 풀기 위해 사 모은 자산 규모, 즉 신규 화폐를 발행해 시중 자산을 사고, 시중에 돈을 푼 규모는 (금리 인상에도 불구하고) 줄지 않습니다.

근본적인 이유는 공공부채가 계속 늘어나기 때문이며, 한계 기업 및 부실 금융기관의 도산을 막기 위해 그들이 쉽게 유동성을 구할 수 있는 환경을 만들려는 부분도 있습니다.

아직 시장이 간과하고 있는 미래

인공지능이 만들어줄 민간 경제

빅테크의 큰 그림

지금의 제도권은 소수의 천재가 이끌어간다고 해도 과언이 아닙니다. 그들이 만들어놓은 기술과 규제의 틀 안에서 경제주체들은 부가가치를 만들지요. 그러나 세계경제가 이렇게 빠르게 늙어가는 상황에서 이런 획일적(top down) 구조는 한계가 있습니다. 즉 모두가 새로운 부가가치 창조에 참여해야 합니다. 어쩌면 챗지피티(ChatGPT) 같은 인공지능이 이런 문제를 해결하기 위해 자연발생적으로 등장한 것 아닐까요?

챗지피티는 "무엇이든 물어보세요"라는 식의 원스톱(one stop) 서비스를 제공합니다. 가끔 거짓말을 하기도 합니다. 인공지능이 정보를 찾다가 특수한 경우를 일반화하는 상황도 있습니다. 그러나 인공지능이 세련되어질수록 대중은 놀랍게 '스마트'해질 것입니다. 새로운 부가가치를 만들 수 있는 생각(idea)도 쏟아질 것입니다. 문제는 규제입니다.

제도권 규제란 "정해진 이 틀 안에서만 일해라. 그러면 보호해줄게"라는 의미입니다. 규제는 스마트해진 대중이 쏟아내는 창의적 생각들을 담기에 역부족입니다. 그래서 대중은 규제의 틀을 벗어나려

합니다. "보호해주지 않아도 된다. 내가 하는 행동에 스스로 책임을 질 테니 그냥 내버려둬라"라는 태도이며, (민간) 암호화폐의 의미가 바로 이것입니다.

사모펀드(private fund)란 49명 이하가 참여한 펀드로, 여기에 대해서는 규제가 최소화됩니다. "잘난 너희끼리 알아서 해라. 나는 책임 못 진다"라는 것이 정부의 입장입니다. 반면 (불특정 다수가 참여하는) 공모펀드는 투자자 보호를 위한 규제가 심합니다. 그런데 사모펀드가 공모펀드를 잠식해가는 지금의 모습이 탈규제의 증거이며, 이런 시장이 암호화폐로 디지털화되면 더 빠르게 확대될 것입니다.

마이크로소프트, 구글, 애플, 아마존 등 빅테크(Big Tech)가 지금 하는 일은 각자 다르지만 모두 한곳을 목표하고 있습니다. 가입자가 "무엇이든 물어보면 만족할 만한 맞춤형 솔루션을 즉시 줄 수 있는 플랫폼"이 되는 것입니다. 음원이나 영화 같은 가입자 기반의 서비스가 큰돈이 되지 않더라도 굳이 하려는 이유는 고객의 사적(private) 정보를 얻을 수 있기 때문입니다.

가입자의 혈액 정보에 접근할 수 있다면 "당신이 지금처럼 살면 몇 년 후에 어떤 병에 걸릴 수 있으며, 이를 예방하고 싶으면 이런 조치를 취하라"고 조언할 수 있습니다. (은행, 증권사, 보험사 등) 금융기관에 예치된 고객의 투자 상품을 긁어와 "당신이 투자한 내용을 감안할 때 몇 년 후 기대수익률은 이렇고, 투자위험은 저런데 이런 결과를 의도한 것이 맞습니까?"라고 물어볼 수 있고, 만일 고객이 다른 것을 원하면 "지금 투자상품 중 무엇을 늘리고 줄여서 그 목표를 맞출 수 있다"고 해법을 줄 수도 있습니다. 이런 솔루션은 가입자에게 없어서는 안 될 중독성 있는 서비스가 될 것입니다.

빅테크가 민간 디지털 화폐를 발행할까?

사람들이 화폐의 가치를 인정하는 것은 정부가 세금을 거둘 수 있는 능력이 있기 때문일 것입니다. 화폐를 더 이상 금으로 보증하지 않고 그 나라의 성장과 그로 인해 장래에 거둘 수 있는 세금 수입은 화폐에 신뢰를 제공합니다. 페이스북(Facebook)이 과거 리브라(Libra)라는 디지털 화폐를 발행했지만 실패했습니다. 리브라의 가치를 보증할 만큼 많은 이익을 내지 못했기 때문입니다.

그런데 미래 빅테크 플랫폼들이 가입자가 원하는 것에 대해 무엇이든 맞춤형 솔루션을 준다면, 즉 그들의 가려운 데를 잘 긁어준다면 가입자가 그 서비스에 중독되어 기꺼이 수수료를 내지 않을까요? 마치 세금처럼 말입니다. 그렇다면 마이크로소프트, 구글, 애플, 아마존 등 빅테크 플랫폼이 각자 디지털 화폐를 발행할 수 있게 되고, 신뢰도 쌓일 것입니다(= 스테이블코인이 될 수 있을 것입니다). 그들이 국가 대신에 커다란 경제단위를 형성할 텐데요, 만일 아마존이 제공하는 맞춤형 서비스가 구글이 제공하는 것보다 매력적이면 가입자가 구글에서 아마존으로 이동하고, 아마존 화폐 가치가 구글의 것보다 상승할 것입니다.

빅테크 기업은 인공지능을 주도하고 있습니다. 그들은 인공지능을 통해 챗지피티처럼 대중을 스마트하게 만들 수 있는 도구를 제시하고, 또 대중이 편하게 부가가치를 만들고 거래할 수 있는 인프라를 구축할 것입니다. 그 가운데 하나가 디지털 화폐입니다. 이런 민간 경제가 커질수록 제도권은 힘을 잃어갈 것입니다. 정부가 지금 빅테크 기업을 심하게 규제하는 이유입니다. 하지만 부가가치를 만드는 주체가 (소수의 천재에서) 대중으로 넘어오면 이런 추세를 막지 못할 것입니다. 이 상태로 가면 정부는 세금 부담만 안겨주는 귀찮은 존재가 될 테니까요.

패권을 결정하는 것은 '계산 능력'

인공지능이란 한마디로 '패턴'을 잡는 기능입니다. 데이터가 복잡하게 섞였을 때 사람들은 그 가운데 존재하는 패턴을 가려내기 어렵지만 계산 능력(computing power)이 뛰어난 기계는 그것을 식별합니다. 계산 능력이 뛰어나면 데이터가 제한되거나 왜곡될 경우에도 패턴을 잡아 소비자의 가려운 곳을 긁어줄 수 있는 것이지요. 더 많은 고객을 끌어들일 수 있게 되고, 그래서 빅테크 플랫폼이 경쟁적으로 '계산 능력'이 강한 인공지능 개발에 몰두합니다.

국방에서도 계산 능력은 중요합니다. 1990년 8월 2일부터 1991년 2월 28일까지 미국은 쿠웨이트에서 이라크의 후세인을 몰아내기 위한 전쟁을 했습니다. 그 작전명이 '사막의 폭풍'이었는데, 어딘가 이상한 전쟁이었습니다. 전쟁의 시작과 동시에 미국은 적의 통신망을 마비시킨 후 스텔스 전투기로 적의 레이더망을 피해 폭격해 초전에 승부를 결정하는 방식이었습니다. 그 핵심 소재는 반도체입니다.

그해(1991년) 12월 25일 소련 연방이 붕괴했습니다. 소련의 군사지도자들은 미국이 냉전에서 승리를 거둔 요인을 반도체로 꼽았습니다. 이제 왜 미국이 중국의 반도체 접근을 막으려는지 이해가 될 것입니다.

계산 능력을 지원하는 GPU와 HBM

GPU(Graphic Processing Unit)는 단순히 화면 출력 장치가 아니라 (게임에서) 3차원 입체 화면 구현, 복잡한 화면 변화 등을 중앙처리장치(CPU)가 혼자 처리할 수 없게 되면서 부족한 계산 능력을 지원하기 위해 엔비디아가 1990년대 초반 출시한 별도의 프로세서입니다. 즉 기능성 반도체입니다. 쉽게 말해 CPU에 GPU를 병렬로 붙이면 계산 능력이 증폭되는 것이지요. 그래서 GPU가 비트코인 채굴을 위한 계산에도 사용되었습니다. 그 외에도 신약 후보 물질의 발견, 자율주행 알고리듬 개발, 메타버스에 이르기까지 GPU가 지원하는 계산 능력은 다양한 곳에 적용됩니다.

빠른 계산 능력을 뒷받침하려면 많은 양의 데이터를 쉽게 처리할 수 있는 메모리 반도체도 필요합니다. 메모리 반도체의 생산 과정을 전공정과 후공정으로 나누는데요, 전공정에서의 관심은 한 웨이퍼(wafer)에 얼마나 미세하게 회로를 집어넣어 많은 양의 칩(chip)을 얻느냐, 즉 경제성에 있습니다. 그래서 미세화에 주력했고, 이제는 너무 미세해져 빛을 이용해 설계하는 장비까지 등장했습니다(이를 EUV 장비라 하며, 네덜란드의 ASML이 독점 생산하는데 미국은 그 장비를 중국에 못 팔

고대역폭 메모리(HBM)의 구조

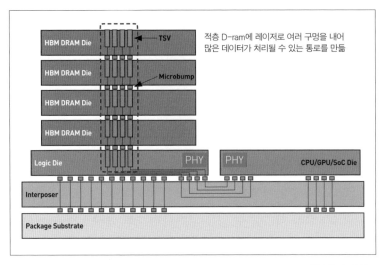

자료: Blocks & Files

게 하는 것이지요). 반면 후공정은 설계된 웨이퍼를 패키징(packaging) 하는 과정으로, 여기서 고기능 반도체를 구현할 수 있습니다.

D램(D-ram)은 수직으로 쌓는 것이 어려웠습니다. 축전기가 세워져 있는 등 적층에 불편한 구조였습니다. 그런데 축전기를 눕히고, 웨이퍼를 얇게 하니 쌓을 수 있게 되었습니다. 여기에 레이저로 (쌓여진 웨이퍼 사이로) 구멍들을 내 전기가 흐를 수 있도록 했습니다. (웨이퍼 간) 데이터가 이동할 수 있는 여러 길을 만든 것입니다. 이동통신에서 광대역과 비슷한 구조입니다. 그래서 D램 이름도 고대역폭 메모리(HBM: High Bandwidth Memory)입니다. 데이터가 이동할 수 있는 넓은 길이 있으니 데이터 처리 속도가 빠르고, 적층된 좁은 공

간에서 데이터가 처리되니 전기 소모량도 줄어듭니다. 한편 웨이퍼가 얇아 열을 방출하기 쉽습니다.

특히 고대역폭 메모리 반도체의 저전력·저발열 특성은 배터리에 도움을 줍니다. 전력 소모량이 작아 1회 충전 시 오랜 시간 배터리 사용이 가능하며, 배터리 수명에 가장 해로운 발열을 최소화할 수 있기 때문입니다.

인공지능은 '아시아'에게 기회일까?

인공지능 덕분에 대중이 똑똑해지면 (중국 등) 인구가 많은 아시아가 유리하지 않을까요? 그러나 중국의 계획경제가 인민의 스마트한 생각들을 받아줄까요? 중국의 체제가 금새 바뀔까요? 한편 우리나라도 은퇴 연령이 높아지면서 (임원급) 경영진도 늙어갑니다. 사람은 늙을수록 '무사안일'에 빠지기 쉽습니다. 한강의 기적을 만들던 시기 젊은 임원이 많았고, 그래서 기업이 역동적이던 것과는 상반된 모습입니다. 한국의 대기업 임원의 교체율을 보면 (비교적 젊은) 상무급에서 높게 나타납니다. 최고위 임원은 기득권을 유지하면서 젊은 임원만 물갈이하는 경향이 보입니다.

늙는다는 것은 무서운 일입니다. 조직을 무력하게 만들지요. 일본이 대표적인 예인데요, 도요타, 소니 등 과거 화려했던 일본의 기업들은 종업원의 창조적인 지혜들을 통합해 성장했고, 고객 중심의 맞춤형 수요에 민감했습니다. 사실 그런 문화가 4차산업 혁명에 알맞은 구조인데, 정작 일본은 두각을 나타내지 못했습니다. 왜일까요?

경영진이 늙어 도전의식도 없고, (상호주 보유 등) 지배구조를 장악해 기득권을 유지하는 데 골몰하니까요. 한국도 비슷하게 닮아갑니다. 이런 모습이 바뀔까요?

 인공지능은 과연 인류에게 복음일까?

인공지능이 생각이나 상상을 할 수 있을까? 인공지능에 가치관과 목표(= 다음에 할 일)를 주면 가능할 것이다. 그런데 인공지능은 죄 많은 인간의 피조물이다. 경쟁에서 이기고 싶은 인간이 인공지능에 잘못된 가치관을 심어 서로를 피곤하게 하고, 자칫 기계의 역습을 받을 수도 있다. 인공지능이 언제 전쟁터에 나타날까? 이미 2023년 10월 하마스의 공격을 받은 이스라엘은 인공지능을 활용한 무기를 사용하고 있다. 신께서 사람의 교만을 꺾으신 두 가지 방법은 언어에 장벽을 둔 것과 뇌에 저장된 학습 내용이 다른 이에게 쉽게 전달되지 못하도록 기억력에 한계를 둔 것인데 (챗지피티 같은) 인공지능이 이런 장애물을 치우고 있다. 앞으로 인간이 얼마나 교만해질까? 인간이 피조물인 인공지능을 과연 잘 통제할 수 있을까?

부자세는 누구에게 거둘까?

부자라는 이유만으로 세금을 거둘 수는 없습니다. 프랑스 전 대통령 사르코지가 부자세를 거뒀다가 다른 나라로 부가 유출되어 곤혹을 치른 일을 기억합니다. 부자들이 세금을 피해 타국의 국적을 취

득해 피한 것이죠. 그런데 기업은 부자이고, 그들은 아직 내지 않은 세금이 있습니다. '환경부담금'입니다.

PFAS는 우리말로는 '과불화합물'이라는 다소 어려운 말로 번역되는데 '환경호르몬'입니다. 후라이팬에 음식이 달라붙지 못하게 하는 코팅재로도 알려져 있습니다. 소방 거품, 스키 왁스에서 반도체 제조에까지 널리 사용되지요. 이 성분은 느리게 분해되고, 인체에 누적되었을 때 면역 체계가 약화되며 유아 및 태아의 성장에 차질을 주고, 성인한테는 신장암·갑성선암의 유발 위험을 증가시키는 것으로 보고됩니다. 그동안은 제조업체들이 이런 유해 성분을 사용하면서도 별다른 과징금을 지불하지 않았습니다. 그러나 이제는 (지구온난화를 포함해) 인류의 안전과 건강을 위협하는 모든 행위에 대해 환경부담금을 부과하겠다는 것입니다.

ESG(Environment, Social, Governance)는 인류의 지속성(sustainability)을 위한 노력인데 그 주된 재원은 '환경부담금'이 될 것으로 보입니다. 그런 부담을 제조업체만 지지 않을 것이고, 유통업체 그리고 소비자에게 전달될 것입니다. 과연 이런 부담을 이기고 이익을 지속적으로 늘려갈 수 있는 기업은 어디일까요? 확실한 성장성이나 브랜드가 없다면 쉽지 않을 것 같습니다. 그래서 신성장주가 유리하고, 가치주 중에서도 1등 기업 위주로 투자 범위를 좁힐 필요가 있습니다.

한편 금리가 마이너스까지 내려가면 어떨까요? 이 경우 (부자인) 예금자가 대출자의 빚을 탕감해주는 꼴이 됩니다. 민간 부채가 공공 부채로 빈번하게 넘어오는 상황이고, 이미 국가 부채도 급증한 상태에서 정부는 빚 부담을 줄이기 위해 고려해볼 만한 정책입니다. 물론 경제 저성장으로 인해 인플레보다는 디플레 압력이 크다는 전제하에서 말입니다. 결국 정부는 금리를 끌어내려야 하는 여러 유인이 있다는 것입니다. 이것도 신성장주가 유리한 근거입니다. 아직 영업이익이 부족한 초기 기업의 경우 외부 자금조달에 의존해야 하기 때문입니다.

인플레 억제의 근본적 해법은 '생산성 개선'

지금은 구조적인 경제 저성장 국면이므로 수요 측면에서 보면 사실 인플레보다는 디플레 압력이 더 큽니다. 반면 노동력 부족으로 인한 인건비 상승 압력과 국가 간 갈등으로 인한 공급망의 혼란을 감안하면 비용 측면의 인플레 압력도 존재합니다.

'규모의 경제'를 내세우는 기존 대량생산 제조업은 점점 더 부가가치를 잃어갑니다. 수요가 위축되기 때문입니다. 과거와 똑같이 일해도 노동자가 만드는 부가가치가 떨어집니다. 한편 지금의 대학 교육 커리큘럼은 젊은이들이 새롭게 열리는 스마트 산업에 적응할 수 있도록 구성되어 있지 못합니다. 즉 스마트한 신경제 산업에서 노동자는 (전반적으로) 아직 충분한 부가가치를 낼 수 없습니다. 결국 양쪽 모두 노동생산성이 떨어지는 셈이지요.

노동력 자체도 부족해집니다. 인구 고령화와 출산율 하락으로 (15~64세의) 경제활동 인구가 세계적으로 감소세입니다. 특히 일자리를 바꿔야 하는 과정에서 일손 부족 현상도 나타납니다. 사회가 서서히 디지털화되면서 사람들은 자신이 '몰가치화'됨을 느껴왔고, 직업을 바꿔야 한다고 생각해왔습니다. 전직(轉職)을 본격 시도하기 시작한 계기가 코로나 쇼크입니다. 어차피 (제조업의 경우) 일할 수 없었고, 정부에서 주는 보조금으로 새 일자리를 찾는 기간을 버틸 수 있었으니까요. 구경제에서 신경제로 넘어가는 과도기에 전직으로 인해 이용 가능한 노동력이 감소할 수밖에 없습니다.

노동력이 부족해지고, 인건비가 상승한다면 해법은 노동생산성을 높이는 길밖에는 없습니다. 적은 인적·물적 자원을 투입해서 (풀린 돈이 따라다녀도 가격이 오르지 않을 만큼의) 많은 부가가치를 만드는 것이지요. 그러려면 우선 가상(디지털)공간에서 작업할 수 있어야 합니다. 가상공간의 장점은 첫째, 출근을 위해 시간과 에너지를 소모하지 않아도 됩니다. 친환경에도 도움이 되지요. 이동이 줄어드는 만큼 환경오염 물질을 배출하는 교통수단의 사용도 줄 테니까요.

둘째, 노동력 부족을 해소할 수 있습니다. 공간적 제약이 없어 충분히 많은 사람이 모일 수 있고, 해외의 유능한 인력도 저렴하게 이용할 수 있어 노동생산성을 극대화할 수 있습니다. (육아를 위해 집에 있는) 여성도 부분적으로 노동시장에 참여할 수 있습니다. 셋째, 데이터를 작업에 쉽게 접목할 수 있어 더 스마트한 해법을 얻을 수 있습니다. 심지어 (시뮬레이션을 통해) 미래를 체험해보고 의사결정을 할 수도 있지요.

기계(인공지능 로봇)를 더 이용해야 합니다. 우리나라의 경우 2024

년 수학능력시험 응시자 수는 41만 명대가 될 것으로 보입니다. 수년 전 65만 명 수준에서 급감했는데요, 이는 '1998년 국제통화기금(IMF) 사태' 후의 출산율 하락이 20년이 지난 지금 나타난 결과입니다. 출산율 급락이 2010년대 중반부터 다시 진행되고 있음을 감안할 때 10여 년 후 대입 응시자는 25만 명 수준으로 줄어듭니다. 지금 은퇴연령기에 접어드는 사람의 한 해 출생자는 100만 명 수준이었습니다. 경제활동 인구에 있어 100만 명이 은퇴하고 25만 명이 유입되면 한 사람이 4인 분량의 일을 해야 합니다. 그렇다면 사람을 돕는 인공지능 로보틱스(Robotics)도 더 영리해져야 하고, 그렇게 될 것입니다.

빚이 늘어가는 가운데 인플레가 야기되어 고금리를 유지해야 한다면 이는 재앙일 것입니다. 무슨 수를 써서라도 막아야 하며, 그만큼 극적인 생산성을 기대할 수 있는 인공지능이 우리 생활에 들어오는 속도도 가팔라질 것입니다.

인류가 '스마트'해져도 고성장으로의 회귀는 어려울 것

인공지능 덕에 생활이 효율화될수록 비용은 절감할 수 있습니다. 그러나 (소비할 수 있는) 인구가 더 감수하며 저성장에 시달릴 수 있습니다. 앞으로 인간은 세 부류로 나뉠 것 같습니다. 첫째, 기계와 싸우는 자(= 기계에 대체되는 자), 둘째, 기계를 돌보는 자(= 인공지능에 적절한 데이터를 주어 기계가 효과적으로 일하게 하고, 기계의 건강관리를 책임지는 자), 셋째, 기계가 접근할 수 없는 지식을 개발하는 자입니다.

결국 많은 사람이 기계에 대체되고, 그런 부류의 사람들의 경우 출산율도 하락할 것입니다. 자식을 낳아도 희망이 없으니까요. 사람이 감소하는 만큼 경제 규모가 작아지고, 그 과도기에 저성장의 고통이 따를 것입니다. 물론 기계가 늘겠지만 기계는 소비하지 않습니다.

암호화폐는 담보 신뢰성이 관건

(디지털) 암호화폐는 블록체인(Blockchain) 기반 위에서 돌아갑니다. 블록체인의 가장 큰 장점은 해킹이 어려워 거래의 신뢰성을 보증한다는 점입니다. 일반 금융거래는 고객 정보가 은행의 중앙 서버에 저장되어 있어 거기에 침입할 경우 그 정보를 훔치거나 조작할 수 있습니다. 하지만 블록체인은 고객의 정보를 참여자 모두에게 나눠주고 공증하는 절차이므로 참여자 과반수를 해킹하지 않는 한 조작이 어렵습니다.

따라서 제도권 규제의(= 보호의) 틀 밖에서도 사람들이 안심하고 거래할 수 있습니다. 가령 어떤 사실을 공증하려 할 때 지금은 법률사무소에 가서 많은 서류에 도장을 찍어야 하지만 블록체인에서는 간단하게 처리할 수 있습니다. 그만큼 민간 거래가 활성화될 수 있습니다.

문제는 거래가 늘어날 때 블록체인의 체결 속도가 느려진다는 점입니다. 비트코인 블록체인은 1초에 5건이 체결되는데, 이는 1초당 6만 5,000건 이상의 트랜잭션을 처리할 수 있는 비자(Visa)에 비하면 현저히 떨어지는 수치입니다. 암호화폐의 가치는 사용자가 늘어날수록 올라갈 수 있음을 감안할 때 블록체인의 느린 거래 속도는 장애물임에 분명합니다. 만일 블록체인의 거래 속도를 높일 수 있는 암호화폐가 탄생한다면 (사용자 증가와 함께) 그 가치는 의미 있게 상승할 것입니다.

그런 혁신 기술이 아니라면 암호화폐의 가치를 담보할 수 있어야합니다. 그 가능성으로 (마이크로소프트, 구글, 애플, 아마존 등) 빅테크 플랫폼이 인공지능을 바탕으로 사람들의 요구를 잘 충족해서 가입자들이 기꺼이 수수료를 지불할 수 있을 만큼 중독성 있는 서비스를 제공하는 경우를 말씀드렸는데요, 그 전에 담보성을 입증할 수 있는 디지털 화폐는 각국 중앙은행이 제도권 화폐를 바탕으로 발행한 CBDC(Central Bank Digital Currency)입니다.

먼저 금융기관 간 외환거래는 (인증 관련) 복잡한 절차로 인해 시간과 비용이 많이 소모되는데, 이를 디지털 거래로 간편하게 해결하기 위한 도매(wholesale) CBDC가 쓰일 예정입니다.

한편 민간 거래에도 중앙은행이 발행한 디지털 화폐를 쓰게 하려는 소매(Retail) CBDC도 소개되고 있는데, 이는 이용자의 모든 사적 금융 거래 및 소비 내역이 정부에 의해 파악될 것이므로 쉽게 보급될지는 의문입니다. 신용카드 보급이 미흡해 지하경제가 크고, 이를 양성화시켜야 하는 신흥국 정부에서는 소매 CBDC의 보급에도 관심을 갖고 있기는 합니다.

부자들이 원하는 것은?

자산 가격에 거품이 생길수록 부의 양극화가 진행되는 것은 당연합니다. 2021년경 미국은 상위 1%가 전체 부(wealth)의 40% 이상을, 상위 10%가 70% 이상의 재산을 소유하고 있다는 보고가 있었습니다. 지금은 더 심해졌겠지요. 그만큼 자산 가격에 대한 부자들의 장악력이 강해졌습니다. 투자에 성공하려면 그들과 반대로 가기보다는 따라 하는 편이 훨씬 유익할 것입니다. 과연 부자들은 무엇을 원할까요?

한정판

사람들은 남에게 과시하려는 본능이 있습니다. 불경기 때 화장품 판매가 오히려 증가하는 이유는 사람이 어려울수록 자신의 치부를 가리고자 하기 때문입니다. 한국의 출산율이 현저히 낮은 이유도 상대적 박탈감이 심한 탓이겠지요. 그런 맥락에서 부자들은 남이 접근할 수 없는 '한정판'에 관심을 가질 것입니다. 대표적인 예가 강남 주택입니다. 지금 강남의 주택 가격 상승의 요인은 대학병원으로의 접근성과 '일타 강사'에 자녀 교육을 맡길 수 있는 교육 환경 등이지만 그 부분을 더 부각시키는 것이 부자들의 돈입니다. 인구가 줄수록 주택 가격은 전반적으로 떨어지겠지만 '가격의 양극화'는 더욱 심해질 것입니다. 그런 맥락에서 사치재(Luxury) 수요도 계속 강해질 전망입니다. 특히 오랜 시간 몸에 지니는 물건일수록 남에게 과시하기 편합니다. 자동차나 스마트폰 같은 것 말입니다. 지금 스마트폰에 노트북 수준의 반도체가 소요되므로 이제는 스마트폰이 더 고부가화되기 어렵다는 지적도 있지만 '고가 폰'을 받아줄 부자들은 얼마든지 있습니다. 고급 자동차에도 돈을 더 쓰고 싶어할 것이고요.

대체 불가능 토큰(NFT: Non-fungible token)이란 블록체인 기술을 이용해서 디지털 자산의 소유주를 증명하는 가상의 토큰으로 정의합니다. 말 그대로 '한정판'입니다. 특히 가상 디지털 공간에서는 많은 사람이 모이기가 훨씬 쉽기 때문에 과시 효과도 클 것입니다. 한편 부자들은 가상 디지털 솔루션에도 관심이 클 것입니다. 예를 들어 유명한 투자 전문가의 투자 철학을 담은 인공지능 프로그램이 가상공간에서 고객에게 조언을 드린다면 그가 죽은 이후에도 그 서비스는 지속될 수 있습니다. 부자들은 사후에도 자신의 흔적을 남기고 싶어 할 것입니다.

항노화

평생 돈 벌어서 죽기 6개월 전에 다 쓴다는 이야기가 있습니다. 노후를 위해 저축한 자금이 결국 치료 비용으로 쓰이는 셈이지요.

우선 노인은 항노화(anti-aging)에 관심이 있습니다. 수명 연장도 중요하지만 '삶의 질'에 관심이 높아집니다. 한마디로 '불로장생'을 꿈꾸며 소비를 하게 됩니다.

예를 들어, 메트포민(Metformin)은 혈당 강하제로 쓰이는 흔한 약인데, 항노화 성분이 있다고 알려져 관심을 모읍니다. (즉 간에서 저장된 글루코겐이 포도당으로 분해되는 것을 막고, 장에서는 포도당의 흡수를 감소시키며 인슐린에 대한 민감성을 개선시켜) 비만을 예방할 수 있고, 이로 인해 심혈관계 질환, 암, 치매를 억제한다는 보고가 있습니다.

한편 사람 몸에는 노경화 세포(senescent cells)가 있습니다. 더 이상 분열하지 않고, 죽지도 않고 늙어만 가는 세포인데, 쥐는 노경화 세포를 제거하면 수명이 20~30% 증가한다는 논문 보고가 있습니다. 인체에는 세포 수를 일정하게 유지시키는 기능이 있는데, 노경화 세포가 죽지 않으면 젊은 세포가 안 만들어지고 노화하는 것이지요. 과연 사람 몸에서도 노경화 세포를 제거할 수 있을까요?

특히 80세가 넘으면 면역세포는 더 이상 만들어지지 않습니다. 이제 제 구실을 못하는 면역세포로 살아야 하는 것이지요. 면역세포는 종류가 수만 개라서 (인위적인) 조합은 불가능합니다. 과연 흉선에서 면역세포를 만들 수 있는 (RNA) 스위치를 다시 켤 수 있을까요?

주력 기업들

계산 능력을 지원하는 GPU와 고대역폭 메모리

늘어나는 빚을 갚으려면 인류는 생산성을 극적으로 개선해야 합니다. 그래서 인공지능이 자연발생적으로 등장하게 되는 것이고요.

더 똑똑한 인공지능을 만들기 위해서는 계산 능력을 강화해야 하고, 그 도구로 엔비디아의 GPU와 고대역폭 메모리 반도체(HBM)를 꼽았습니다.

엔비디아의 능력은 무엇일까요? 여러 프로그램과 데이터를 동시에 돌리되, 자원을 공유하고 병목(bottle neck)을 해소해 복잡하고 무거운 환경을 가볍게 만들고, 많은 양의 데이터를 효율적으로 처리하는 기술입니다. 예를 하나 들겠습니다. 컴퓨터 게임을 하는데 100개의 아이템이 필요하다고 가정해보지요. 게임 참여자 모두에게 100개의 아이템을 나눠주면 게임이 무척 무겁고 느려집니다. 그 대신 한 사람에게 한 개의 아이템만 나눠주고, 참여자가 다른 아이템이 필요할 경우 쉽게 빌릴 수 있도록 한다면 게임은 훨씬 가볍게 돌아갈 것입니다. 엔비디아의 능력은 이런 시스템을 쉽게 만들 수 있는 능력이라고도 할 수 있습니다.

계산 능력의 획기적 개선을 위해 개발되고 있는 양자컴퓨터도 여러 작업을 동시에 처리하려는 시도를 하고 있습니다. 지금의 컴퓨터는 0과 1 가운데 하나만 선택하는, 즉 한 방향으로만 일을 진행하는 데 반해 '양자'의 상태는 0과 1 사이에 무수한 조합이 있을 수 있듯 다양한 방향으로 동시에 계산할 수 있습니다(양자가 입자 또는 파동 중간의 어느 성질인 것처럼 0.1과 0.9 또는 0.2와 0.8 등 매우 다양한 상태의 조합으로 존재할 수 있다는 것이지요). 엔비디아는 현재의 컴퓨터로 양자컴퓨터의 성질을 흉내 내는 과도기적 형태로도 볼 수 있습니다.

만일 양자컴퓨터가 상용화되면 엔비디아의 GPU나 반도체는 사라질 수도 있습니다. 지금의 컴퓨터와는 전혀 다른 작동 원리를 갖고 있으니까요. 그러나 양자컴퓨터는 계산이 복잡한 만큼 오류도 많을 수 있는데 이를 보정하는 능력에 한계가 있습니다. 양자의 상태를 유지하기도 어렵습니다.

또 극저온을 유지해야 (초전도체의 기능이 활발하여) 양자컴퓨터가 작동할 수 있는 자기장을 쉽게 만들 수 있고, 소음과 진동도 차단해야 하는데 그런 환경을 만들려면 장치의 부피가 커집니다. 이처럼 양자컴퓨터를 구현하는 기술 자체가 어렵고, 비용도 많이 들기 때문에 상용화까지는 오랜 기간이 남았고, 범용으로 사용하기보다는 특수 목적용으로 적용될 것 같습니다. 이 분야 관련 기업으로는 디웨이브 시스템스(D-Wave Systems), 아이온큐(IonQ), 리게티 컴퓨팅(Rigetti Computing) 등이 상장되어 있고, 양자컴퓨터 이슈가 등장할 때 이들 주가도 들썩입니다.

GPU 이외에도 (CPU, DPU, FPGA 등) 계산 능력을 지원하는 기능성 (비메모리) 반도체가 함께 작동하는데, 엔비디아와 AMD가 대표 기업입니다. 또한 기능성 반도체의 기반(architecture)을 설계하는 암(Arm)도 수혜를 받지만 2016년 소프트뱅크에 인수되었습니다(2023년 9월 재상장되어 거래되고 있습니다). 한편 고대역폭 메모리(HBM)도 계산 능력을 개선하는 데 큰 역할을 하는데, 이 분야는 현재 SK하이닉스가 가장 앞서 있습니다. 삼성전자도 개발이 가능하고요. AMD는 그래픽 카드 분야의 고성능 HBM 반도체 개발에 특화되어 있습니다.

반도체 가공에 사용하는 레이저

(반도체 후공정에서) 디램(D-Ram) 웨이퍼(wafer)를 적층하고, 수직으로 구멍을 내어 전기 및 데이터의 이동 통로를 넓히는 고대역폭 메모리를 앞서 소개했습니다. 그 구멍을 내는 데 레이저(laser)가 사용됩니다(= laser drilling). 웨이퍼가 얇아졌기 때문에 레이저의 질에 따라 불량에 큰 차이가 벌어질 수 있습니다.

반도체 전 공정에서도 레이저가 중요해집니다. 미세하게 회로를 설계하여 웨이퍼 하나당 많은 칩(chip)을 얻는 경제성이 필요한데, 이 과정에서 웨이퍼에 화학약품을 주입합니다. 부분마다 전도성을 달리해야 하니까요. 이 경우 웨이퍼에 틈새가 벌어집니다. 이를 빨리 아물게 해야 하지요. 과거엔 화로를 썼지만 이제는 너무 미세해져서 레이저를 사용합니다. 레이저의 성능에 따라 수율(생산성)이 결정됩니다. 한국의 레이저 대표 기업은 이오테크닉스이며, 원천기술을 확보하고 있는 글로벌 기업은 코히런트(Coherent)입니다. 한편 레이저가 군사용 무기에서 게임 체인저로 등장하고 있는데, 레이저를 포함한 방위산업 업체로 RTX(Raytheon Technologies)가 있습니다.

초전도체와 양자컴퓨터

초전도체는 매우 낮은 온도에서 전기저항이 소멸되어 전기가 매우 잘 흐르는 물질입니다. 전자가 도로를 달리고, 전도체는 그 밑의

도로라고 생각해보세요. 극저온에서는 도로가 고정되어 있습니다. 전도체의 입자가 움직이지 않는 것이지요. 그렇다면 전자는 그 도로를 편하게 (저항 없이) 이동할 수 있습니다. 반면 온도가 상승하면 전도체가 움직입니다. 도로가 울퉁불퉁해지는 것이지요. 즉 전자 이동 시 충돌과 저항이 나타납니다. 초전도체란 극저온에서 움직임 없이 고정되어 있어 전자를 저항 없이 통과시킬 수 있는 물질입니다. 문제는 극저온 환경을 만들기 어렵다는 것이지요.

지난 20여 년간 극저온이 아닌 환경에서도 (저항 없이 전기가 잘 통하는) 초전도체 개발에 많은 연구가 집중되었습니다. 여러 금속을 섞어 합금을 만들고, 온도가 좀 높아져도 (합금) 전도체의 입자가 흔들리지 않는다면 전자가 편하게 이동할 수 있다는 생각이었지요. 그러나 지지부진했습니다.

(저온이 아닌) 상온, 그리고 대기압에서도 초전도체 성질을 띤 물질을 개발하려는 노력은 계속됩니다. 상온에서 전도체가 흔들리더라도 그 안에서 전자가 잘 지나다닐 수 있는 통로를 만들려는 노력도 포함됩니다. 또한 전자의 파동성을 이용하려는 경우도 있습니다. 전자는 입자와 파동의 중간 상태인데요, 상온에서 주변의 전도체 입자가 흔들릴 경우 전자가 입자의 형태라면 통과 시 (입자 간) 충돌이 많을 것입니다. 반면 파동의 성질을 키운다면 전자가 (전도체) 입자 사이를 빠져나갈 수 있다는 논리입니다. 이런 방법이 현실화된다면 양자컴퓨터도 상온에서 작동시키기 쉬워지는 것이지요. 양자도 입자와 파동의 중간 형태이니까요.

자기장은 거의 모든 것을 통과합니다. 그러나 초전도체는 못 뚫습니다. 즉 자기장을 초전도체로 가둘 수 있는 것이지요. 양자컴퓨터도 자기장 환경에서 운영되므로 자기장을 상온에서 잘 가둘 수 있는 초전도체가 개발되면 급물살을 탈 수 있습니다.

한편 핵융합 발전에도 초전도체가 사용됩니다. 핵융합은 핵연료로 플라즈마(이온가스 불꽃)를 만들고 그 플라즈마를 자기장 안에 가두는 원리입니다. 즉 강한 자기장을 만드는 것이 핵융합에서 관건입니다. MIT 출신이 설립한 커먼 웰스 퓨전 시스템스(Common Wealth Fusion Systems)가 초전도체를 활용해 자기장을 효과적으로 유지하고, 이를 통해 핵융합 발전을 시도하고 있습니다.

양자컴퓨터에 초전도체를 활용하는 기업으로는 디웨이브 시스템즈(D-Wave Systems)와 IBM이 있고, 핵융합 관련 초전도체 연구는 도시바가 대표적입니다. 초전도체의 낮은 저항을 이용해 에너지 전송에 활용하는 기업도 있는데, 아메리칸 슈퍼컨덕터(American Superconductor Corporation)를 들 수 있습니다.

양자컴퓨터가 현실화된다면 데이터 센터 운영에 필요한 전기가 획기적으로 절감될 것입니다. 적은 양의 전기로도 빨리 계산할 수 있으니까요. 소비자의 빅데이터를 분석하기 위해 가장 큰 데이터 센터를 운영하는 아마존을 비롯해 빅테크 플랫폼의 수혜가 예상됩니다. 그리고 디지털경제로의 이동이 가속화될 것입니다.

단, (상온 대기압에서 작동하는) 초전도체를 연구실에서 개발한 것과 그것을 상용화하는 것은 전혀 다른 이야기일 수 있습니다. 상용화까지 수십 년이 소요될 수도 있습니다. 즉 초전도 현상을 원할 때 만들 수 있는지(재현반복성), 초전도체의 소재가 내구성이 있고 경제성이 있을지 등 상용화와 관련해 수많은 질문이 붙을 수 있습니다.

인공지능과 민간 경제의 주인공 – 빅테크 플랫폼

계산 능력이 극적으로 개선되고 인공지능 기술이 발전하면 가장 큰 수혜를 볼 곳은 빅테크 플랫폼입니다. 무엇보다 그들이 인공지능 기술에서 가장 앞서가고 있습니다. 인공지능의 선구자는 제프리 힌튼(Geoffrey Hinton)인데, 그는 원래 인지심리학자였습니다. 인공지능을 단순히 기술 용도로 개발한 것이 아니라 인간의 뇌를 연구하는 연장선에서 시도했습니다. 그런데 1987년부터 그는 인공지능의 폐해에 대해 고민했습니다. 카네기 멜론 대학 재직 시절 그에게 연구 자금을 대던 국방 업체들이 인공지능을 전쟁 기술 개발에 적용하도록 요구했기 때문입니다. 여기에 회의를 느껴 그는 캐나다 토론토 대학으로 옮겼고, 거기서 그의 제자들과 디엔엔 리서치(DNN research)를 창업했는데, 이 스타트업이 2013년 구글에 인수되었습니다.

다른 빅테크 플랫폼도 핵심 역량인 인공지능 개발에 몰두합니다. 여기에는 천문학적 자금이 들기 때문에 웬만한 기업은 그들과 경쟁하기 어렵겠지요. 물론 특화된 인공지능 소프트웨어 기술에 뛰어난 스타트업도 있지만 어차피 그 기술을 적용시킬 (맞춤형 솔루션) 시장을 빅테크 플랫폼이 갖고 있으므로 그들에게 인수될 수밖에 없는 구조입니다. 2010년에 설립된 인공지능 기업 딥마인드(DeepMind)가 2014년 구글에 인수된 것처럼 말입니다.

(행렬과 벡터 등)수학의 발달로 인해 인공지능 기술이 쌓일수록 빅테크 플랫폼은 대중에게 맞춤형 솔루션을 제공하고, 또 그들을 더 '스마트'하게 만들어 새로운 부가가치를 쉽게 창출할 수 있도록 하며, 민간의 거래를 편하고 안전하게 보장하는 인프라를 구축할 것입니다.

디지털 암호화폐 – 천재들의 작품은?

암호화폐 코인(coin) 밑에 토큰(token)이 달려 있고, 토큰마다 사업이 붙어 있습니다. 매력적인 사업을 가진 토큰의 가치가 오를 수 있고, 그런 토큰이 많은 코인의 가격이 오르겠지요. 그런데 미국 증권관리위원회(SEC)는 코인이나 토큰이 '증권'이며, 발행하려면 감독을 받아야 한다고 주장합니다. 기업이 자금조달을 위해 거래소에 등록, 상장하는 것처럼 선량한 투자자 보호를 위해 암호화폐도 '투자 대상'으로서의 자격을 심사받아야 한다는 것이지요.

미국 증권관리위원회가 가장 먼저 소송을 제기한 곳은 리플(Ripple)입니다. 리플은 2012년 설립되어 암호화폐 XRP를 100억 개 발행해 보유하다가 2013년부터 2020년까지 기관투자가에게 부분적으로 팔았습니다. 미국 증권관리위원회는 암호화폐 플랫폼 기술을 보유한 (기업) 리플이 XRP를 팔아 자금을 조달한 것으로 간주했습니다. 즉 "기술 기업 리플이 XRP라는 증권을 발행해 선량한 고객들로부터 자금을 조달했는데, 아직 제도권은 암호화폐 관련 규정을 만들지 않았다. 너희가 어떤 자신감으로 투자자들로부터 자금을 모을 수 있는가? 암호화폐를 통한 사기 발생 가능성, 자금 은닉 및 탈세 가능성, 통화 관리의 어려움 등 난제가 쌓여 있는데 말이다. 투자자들을 보호하기 위해 너희의 자금 조달을 견제해야 한다"라는 의도로 들립니다. 속내를 들여다보면 암호화폐 사업을 하려면 먼저 제도권의 허락을 받으라는 이야기입니다.

소송에서 제외된 암호화폐는 '비트코인'뿐입니다. 비트코인은 플랫폼을 관리하는 기술 기업 없이 디지털 코인만 발행되었기 때문에 새로운 형태로 발전해서 제도권을 교란시킬 우려가 작기 때문입니다.

그러나 정치권에서도 디지털 화폐에 대한 관심은 계속 커지고 있습니다. 2023년 6월 미국 공화당 소속 하원의원들은 암호화폐 사용에 대한 법률을 발의했습니다. 그 내용의 골자는 암호화폐가 증권인지, 단순한 (디지털) 상품인지는 발행회사가 결정하도록 자율권을 주

ECONOMIC TIPS

증권과 상품의 차이

증권과 상품의 가장 큰 차이는 가격 결정 방식에 있다. 화폐나 원자재와 같은 상품은 가격이 수요와 공급에 의해서만 결정된다. 반면 증권은 가격이 수요와 공급뿐 아니라 사업의 성패에 따라 결정된다. 그래서 투자자 보호를 위해 증권에 대해 더 심한 규제를 한다.

자는 것입니다. 물론 증권관리위원회(SEC)가 투자자 보호에 신경을 써야 하지만 혁신적인 금융이라면 예외적으로 존중해야 한다는 취지입니다. 암호화폐의 의미가 "투자자 스스로 책임을 지고, 의사결정을 하겠다"라는 것이라면 새로운 부가가치를 창출하기 위해 그 길을 열어놓아야 한다는 것이지요.

디지털 암호화폐 시장은 소수의 천재가 좌우합니다. 그 대표적인 인물이 제드 맥칼렙(Jed McCaleb)과 데이비드 슈워츠(David Schwartz)입니다. 이 둘이 리플(Ripple) XRP를 만들었습니다. 암호화폐 거래는 블록체인 위에서 돌아가는데, 블록체인의 한계는 결제가 느리다는 점입니다. 결제의 속도를 높이기 위해 소수의 주체만이 공증에 참여

 빅테크 중 하나를 꼽으라면 애플

다른 빅테크 플랫폼보다 애플은 이익 규모가 크고 안정적이다. 그만큼 인공지능을 비롯한 선진기술에 대한 투자 여력이 크다. 특히 스마트폰 제조업을 갖고 있어 애플 페이(Apple Pay) 같은 결제 서비스를 연결할 수 있고, 고객의 소비 패턴을 가장 정확하게 읽을 수 있는 데이터를 직접 보유한 셈이다. 구글의 검색 정보는 오류(noise)가 많다. 또한 애플은 몸에 부착하는 장비(wearable device)까지 개발해 사람들의 실시간 건강 정보까지 얻을 수 있다. 그런 하드웨어를 차별화해 다양한 (맞춤형) 콘텐츠를 고객에게 제시할 수도 있다. 결국 애플이 고객의 가려운 데를 가장 잘 긁어줄 수 있는 잠재력을 가진 것으로 평가된다.

하면 해킹의 우려가 있습니다. 두 천재는 XRP 블록체인을 빠르고도 안전하게 설계하는 데 성공했던 것 같습니다. XRP는 암호화폐 가운데 가장 빠르고 안전하게 거래할 수 있는 인프라를 제공합니다. 그래서 많은 코인이 XRP의 거래망을 통해 환전하기도 합니다.

당장은 제도권 정부가 원하는 도매 CBDC부터 디지털 화폐의 수요가 열릴 텐데, 국가 간 환전 서버를 마찰 없이 가장 잘 통합 (reconciliation)할 수 있는 리플 XRP가 주도권을 가질 것으로 보입니다. CBDC의 수요가 (프라이버시의 문제로 인해) 도매에서 소매로 확산될지는 불확실하지만 일단 시장은 그렇게 기대할 것으로 보입니다. 그렇다면 XRP의 CBDC 주도권 수혜가 더 이어질 것으로 해석하겠지요. 현재 제드 맥칼렙은 (리플을 떠나) 스텔라 루멘(Stellar Lumens)으로 독립해 나왔고, 데이비드 슈워츠는 리플의 기술책임자(CTO)로 남아 있습니다.

사실 결과적으로는 빅테크의 엄청난 투자 규모를 감안할 때 암호화폐 (결제) 시장도 그들이 차지할 것입니다. 지금처럼 천재들이 나와서 혁신적인 암호화폐 체계를 만들고, 그 코인이나 토큰 가격이 급등하는 기회도 빅테크가 자체 민간 디지털 화폐를 발행하기 전까지만 즐길 수 있을 것 같습니다.

미국 정부의 부채가 계속 증가하며 한도를 상향 조정한다는 것은 제도권 위주의(top down) 경제가 작동하지 않음을 의미합니다. 즉 패권이 미국에서 중국으로 넘어가는 것이 아니라 (새로운 부가가치를 창조하는 bottom up) 민간 경제 기반의 빅테크 플랫폼으로 넘어올 것으로

CBDC보다 민간 암호화폐를 선호하는 이유

경제가 저성장에 돌입할수록 정부는 세금을 더 거둬야 한다. 또 늘어나는 대중의 불만을 누르기 위해 감시를 강화해야 하며, 그런 가운데 "대를 위해 소를 희생한다"는 전체주의가 등장하기도 한다. 정부가 발행하는 디지털 화폐를 사용할 경우 개인의 일거수일투족이 모두 드러날 수 있다. 정부는 전자지갑이나 스마트카드를 통해 사생활(privacy)을 보호한다고 하지만 믿을 수 없다.

민간 디지털 화폐는 그럴 위험이 없을까? 개인이 정부가 싫다고 다른 나라로 이민 가기는 어렵지만, 민간 디지털 플랫폼 간에는 이동이 쉽기 때문에 민간 암호화폐 플랫폼은 가입자에 대해 '을'의 위치에 있다.

보입니다. 이런 시나리오를 믿는다면 지금은 (마이크로소프트, 애플, 구글, 아마존 등) 4개 빅테크 플랫폼 주식에 분산투자하고 기다리면 됩니다.

한편 과거 테슬라는 비트코인을 사놓은 후 전기차 판매대금으로 비트코인을 이용할 수 있다고 발표했습니다. 화폐 가치는 사용자가 많을수록 높아집니다. 달러 가치가 유지되는 것도 세계 외환보유고의 60%가량이 달러로 채워졌기 때문입니다. 테슬라가 비트코인을 사용하며 비트코인 가격이 상승했고, 테슬라는 (미리 구입한 비트코인에서) 그 차익을 얻었던 것이지요. 얼마 후 테슬라는 비트코인을 더 이상 매매대금으로 쓰지 않겠다고 발표했습니다. 정부에 밉보일 수 있기 때문이지요. 테슬라는 정부로부터 전기차 보조금을 지원받고 있습니다. 만일 일론 머스크가 더 이상 정부의 도움이 필요 없을 때 그런 시도를 다시 할 가능성이 높습니다. 따라서 정부에 대항할 수 있는 다국적 기업이 어떤 디지털 화폐를 사 모으는지도 관심을 가져볼 만합니다.

내일 지구가 멸망할 것 같으면 금을 사라

금은 인플레를 방어할 수 있는 실물자산으로 알려져 있습니다. 인플레, 즉 물가가 상승하면 화폐의 가치가 그만큼 하락하므로 돈을 갖고 있는 대신 실물자산을 사야지요. 그렇다고 아무 자산이나 살 수 없으니 가장 안전한 금을 사는 것인데, 만일 성장하는 자산이 있다면 거기에 투자하는 것이 낫지 않을까요? 즉 금이 득세하는 시기는 경기침체와 인플레가 동시에 발생하는 스태그플레이션(Stagflation) 상황에서 자주 나타납니다. 1970년대 스태그플레이션 때도 금 값이 급등했지요.

지난 100년간 금의 (인플레를 제외한) 실질수익률은 연 1.2% 수준입니다. 한편 같은 기간 안전자산의 대명사인 미국 10년물 국채의 실질수익률은 1.8%였습니다. 장기적으로 보면 금 투자 수익률이 국채 수익률에도 못 미친다는 것이지요. 특히 금 가격의 변동성은 엄청납니다. 이런 투자위험에 비하면 금의 장기투자 수익률은 더욱 초라해 보입니다. 결국 금 가격은 돈이 갈 곳이 없을 만큼 경제가 암울할 때 잠깐 위력을 발휘합니다.

달러를 비롯한 제도권 화폐 가치가 의심을 받으며 암호화폐가 등장했습니다. 일각에서는 차라리 금을 사는 것이 낫지 않느냐고 주장합니다. 그러나 1971년 닉슨의 금본위제 폐지 이후 더 이상 화폐를 금으로 보증하지 않습니다. 2000년대 들어 중국의 위상이 강화되며 중국 정부가 위안화 가치를 보증하기 위해 금을 더 살 것이라는 기대가 있었고, 그 결과 금 값도 급등했습니다. 그러나 중국 외환보유고에 금은 늘지 않았습니다. 결국 화폐란 국가의 신용으로 발행되는 '무이자 국채'의 성격이지, 금으로 그 가치를 보증할 필요는 없다고 인식되는 것이지요. 결국 금의 가장 중요한 수요가 사라진 셈입니다.

부자들이 선호하는 한정판

사치재의 수요는 더 강화되고 있습니다. 중산층이 빈곤층 또는 부유층으로 빠져나가며 부자 또한 증가하기 때문입니다. 한 예로 코로나 쇼크로 인한 격리 때문에 중국인의 사치재 구입이 막혔을 때도 미국인 부유층의 수요가 상쇄하며 사치재 판매가 안정되었습니다. 사치재 관련 주식으로 LVMH 하나만 보유해도 괜찮습니다. 왜냐하면 (Louis Vuitton, Bulgari, Dior 등) 60여 개의 고급 브랜드를 포함하고 있어 포트폴리오 효과가 타월하기 때문입니다.

한편 부자들은 (스마트폰, 자동차같이) 자신과 오랜 시간을 함께할 수 있는 물건에 돈을 더 쓰고 싶어 한다고 말씀드렸는데요, 스마트폰을 더 스마트하게 진화시키는 역할은 애플이 하고 있습니다. 즉 애플의 성장 여력은 아직도 많이 남았고, 워런 버핏도 자신의 포트폴리오의 대부분을 애플에 투자하고 있습니다.

과연 전기차 시대에 테슬라와 벤츠 중 누가 '명차'를 만들까요? 테슬라는 "우리는 자동차 업체가 아니라 인공지능 & 로보틱스 기업"이라고 소개합니다. 일론 머스크가 천재인 것은 맞지만 그가 혼자 자율주행차를 개발할 수는 없습니다. 테슬라의 성장에는 지엠, 포드의 천재적인 엔지니어들이 테슬라로 이직한 것이 큰 도움이 되었을 것입니다. 스톡옵션을 받더라도 테슬라 것을 받아야 했으니까요. 그런데 이제는 테슬라 주가도 부담스러워져 스톡옵션의 매력도 떨어집니다. 천재들을 영입하기 어려워졌다는 의미입니다. 테슬라의 일부 핵심 인력은 다른 경쟁기업으로 떠나고 있습니다.

디지털 기술은 (모방하기 어려운) 핵심 경쟁력이 되기 어렵습니다. 지금 벤츠나 BMW 등이 브랜드를 인정받는 이유도 엔진과 변속기의 성능보다는 어떤 상황에서도 운전자를 편안하게 잡아주는 구조 해석 능력, 급하게 핸들을 돌려도 무리 없이 돌아가는 균형감 등 (오랜 경험을 통해 축적된) 기계적 성능들입니다. 그렇다면 전기차에서도 명차는 벤츠나 BMW 등 기존 브랜드들이 되지 않을까요? 2030년까지 석유차 생산 금지 규정으로 인해 기존 자동차 업체의 주가가 떨어졌는데 BMW 등의 주식을 저점매집해볼 만한 것 같습니다(벤츠는 별도로 상장되어 있지 않고 다임러AG의 자회사로 되어 있습니다).

핵심 지역의 주택 가격은 더 오를 것입니다. 미국의 경우 지구온난화로 인해 (사막 지역을 개간한) 캘리포니아에서는 산불이 더 자주 발생하고, 해안 지역인 마이애미는 침수되고 있습니다. 플로리다의 허

테슬라 vs. BMW

2022년 실적 기준 (단위:100만 달러. 1euro＝1.06USD)	테슬라	BMW
매출액	81,462	151,167
(매출액 성장률, 전년비, %)	46%	28%
순이익	12,587	19,697
(순이익율, %)	15.5%	13.0%
시가총액 (2023년 9월 30일 기준)	784,057	64,674
PER (배)	62.3	3.3

리케인도 더 빈번하고, 이런 기상이변은 텍사스. 콜로라도, 루이지애나, 뉴욕 등으로 범위를 넓혀가고 있습니다. 보험회사들은 기상이변에 대한 보험금 지급을 감당할 수 없어 이들 지역에서 철수하고 있습니다. 이런 지역에서 살려면 높은 보험료를 지불해야 합니다.

그렇다면 이들 지역의 집값이 하락할까요? 아닙니다. 2010년부터 2020년까지 기상이변이 심했던 미국의 해안 지역으로 인구는 15% 더 몰렸습니다. 부자들은 보험료를 신경 쓰지 않습니다. 오히려 그들만의 리그(league)라고 생각할 것입니다. 해당 지역으로 사람들이 몰려드는 매력만 살아 있다면 개의치 않습니다. 미국의 주택용 부동산 펀드는 이런 핵심 지역의 주택을 집중 보유하고 있습니다.

항노화 부문에서는 아직 뚜렷한 진전을 보인 기업을 찾기 어렵습니다. 사람이 스트레스를 받으면 항스트레스(counter stress) 호르몬이 분비되는데, 이런 것들이 (남성, 여성) 성 호르몬의 전구체(사전 단계 물질)입니다. 그런데 나이가 들수록 성 호르몬의 분비가 줄어들지요. 그 결과 늙을수록 스트레스에 무방비로 노출되며, 노화가 가속화됩니다. 따라서 줄어드는 성 호르몬의 보완에 관심이 높은데, 문제는 체내에 호르몬을 직접 주입할 경우 암을 유발할 수 있어 조심스럽다는 것입니다. 특히 여성의 경우 에스트로겐 주입으로 인한 유방암 발병은 논문으로 밝혀지기도 했습니다. 하지만 (불면 등) 갱년기 여성의 고통이 너무 심해 조금씩 처방하곤 합니다.

만일 체내 성 호르몬의 균형을 유지해주는 약이 나타나면 큰 인기를 얻을 것입니다. 예를 들어 미생물을 투입해 유전자에 영향을 주면 성 호르몬을 만들도록 유도할 수 있습니다. 관건은 호르몬의 균형을 유지할 수 있느냐는 것이지요(미생물은 다른 약에 비해 균형을 잡기 쉽다는 데 관심이 모아집니다). 아직은 연구 단계에 있습니다.

5장의 핵심 포인트

∨ 인공지능과 디지털경제를 주도하는 애플, 아마존, 구글 마이크로소프
트에 주목하라.

∨ 4대 빅테크 기업 중 하나를 꼽으라면, 애플!

∨ 패권을 결정하는 계산능력과 반도체 : 엔비디아, AMD

∨ 부자들의 사치재 수요는 저성장 시대에도 계속될 것이다 : LVMH

∨ 부자들이 원하는 것에 관심을 가져라.

∨ 상온에서 작동하는 초전도체가 개발되면 양자컴퓨터, 핵융합에 관심을
갖자.

∨ 환경부담금을 극복할 수 있는 신성장주, 1등 기업에 주목하라.

∨ 내일 지구가 멸망할 것 같으면 금을 사라.

- 지금까지 주가에 반영된 사실들
- 아직 시장이 간과하고 있는 미래
- 주력 기업들

CHAPTER 6

로컬리제이션과
자원민족주의

INTRO

세계는 이제 각자도생의 시대로 접어들었습니다. 저성장 시대에 먹이가 부족하니 갈등이 생길 수밖에 없습니다. 미국은 중국의 상승세를 노골적으로 견제하지만 탄소경제하에서 마냥 억누를 방법이 없습니다. 갈등으로 인해 그동안 등한시되었던 국가 안보가 부각하고, 제품의 핵심 소재 보호와 데이터 보호가 중요 이슈로 부상하면서 선진국도 다시 직접 제조 기반을 구축하기 시작할 것입니다. 데이터의 가치가 중요해지면서 해킹 문제가 발생하고 자연스럽게 사이버 보안 문제가 부각될 것입니다.

높은 인건비 문제를 극복하기 위해 사물인터넷 사용이 급증하고, 위성 인터넷이며 가상 디지털 공간의 활용이 중요해집니다. 자원의 재활용 수요가 구체화되어, 금속에 붙은 산소를 촉매로 떼어내는 작업, 쓰레기 수거 네트워크 등이 활성화될 것으로 보입니다.

국방 관련해 주목할 만한 기업으로 미국의 록히드 마틴, 제너럴 다이내믹스, 레이테온 테크놀로지 같은 회사가 있습니다. 데이터 처리 관련해서는 엔비디아, AMD, 위성 통신 관련해서 스페이스X, 비아샛 등이 있고, 로보틱스와 관련해서는 야스카와전기, 보스턴 다이내믹스(현대자동차), 로보티스 등이 두각을 보입니다. 배터리 소재 재활용 관련해서는 유미코아, 스미토모 메탈 마이닝이 있고, 쓰레기 수거 네트워크와 관련해서는 웨이스트 매니지먼트, 리퍼블릭 서비스 같은 미국 기업을 관심 갖고 지켜볼 만합니다.

지금까지 주가에 반영된 사실들

갈등 국면에서 세계 화폐 가치의 변화

동물세계에서 먹이가 줄어들면 짐승들이 싸우는 것처럼 세계경제가 저성장으로 갈수록 국가 간 다툼이 빈번해집니다. 1920년대 대공황 이후 모든 국가가 이기적으로 돌변했고, 각자 생산자원을 안정적으로 조달하고 물건을 팔 수 있는 식민지 개척에 열을 올렸습니다. 식민지가 부족했던 독일과 일본이 식민지 쟁탈전을 벌인 것이 제2차 세계대전입니다.

지금도 마찬가지입니다. 지난 40년간 고성장 속에서의 '글로벌화'가 막을 내리고, 각자도생의 길로 접어들었습니다. 국가 이기주의가 팽배하고, 각국의 보유자원을 무기화하는 국면입니다. 러시아-우크라이나 전쟁도 (유럽으로의) 석유 공급 파이프의 확보 때문에 벌어졌습니다.

그렇다면 어떤 것이 자원일까요? 일단 희소성 있는 광물이나 다른 나라가 만들 수 없는 소재, 부품, 장비 등이 될 수 있습니다. 특히 미래 패권과 직결되는 배터리와 반도체가 대표적입니다. 미국은 이 두 항목에 대해 중국의 접근을 철저히 차단하고 있습니다. 그 결과 이와 같은 원자재 가격이 상승하며 (비용 상승) 인플레 압력을 주기도 합니다.

미국은 '달러'도 자원이라고 생각합니다. 미국이 금리를 올리면 돈은 미국으로 갑니다. 가장 안전한 미국의 금리가 오르니 다른 나라의 채권을 살 필요가 없습니다. 돈이 빠진 나라는 타격을 받습니다. 미국 입장에서 기축통화인 달러를 회수해 (중국, 러시아 등) 신흥국에 영향력을 행사할 수 있습니다. 예를 들어 미국이 금리를 올리면 '달러 강세, 중국 위안화 약세'가 됩니다. 모든 원자재가 달러로 거래되므로 중국이 석유를 수입할 때 더 비싸게 사야 합니다. 그만큼 중국은 물가가 상승하고, 인민이 힘들어지겠지요.

만일 미국이 금리를 올린 경우 (달러 표시) 원자재 가격은 오를까요, 아니면 내릴까요? 먼저 달러 강세만큼 (미국 이외의 나라 사람들은) 원자재가 비싸질 것이므로 구매력이 떨어집니다. 수요가 줄면서 원자재 가격이 내려갈 것으로 볼 수도 있습니다. 그러나 원자재는 필수품입니다. 수요가 가격에 크게 영향을 받지 않지요. 특히 원자재는 보관

비용이 크고, 이를 유통시키는 과정에서의 금융 비용도 부담스럽습니다. 금리를 올리면 금융 비용 상승으로 원자재 가격이 오히려 상승 압력을 받을 수 있습니다.

교역 감소에 따른 원화 절하 압력

코로나 쇼크로 인한 인플레 압력 때문에 미국이 금리를 올렸고, 그로 인해 달러 강세 및 원화 약세가 진행된 부분이 있습니다. 인플레가 진정되어 미국이 올렸던 금리를 내리면 원화 가치도 정상화될 것입니다. 그러나 구조적인 원화 절하 압력이 섞여 있는데, 앞으로는 그 부분이 더 부각될 것입니다. 한국의 원화 가치가 유지될 수 있었던 이유는 수출 기업이 벌어오는 달러 때문이었습니다. 수출 달러를 팔아 원화를 사고, 그 돈을 종업원에게 월급으로 주는 과정에서 '달러 매도, 원화 매수'가 있었던 것이지요. 그러나 세계경제가 각자도생으로 가는 국면에서 교역이 감소하면 이런 거래가 위축됩니다. 한국이나 일본처럼 수출 의존적인 나라는 통화 약세 압력이 구조적으로 증가합니다.

독일은 대만의 비메모리 반도체 생산업체인 TSMC와 (독일 드레스덴에) 보쉬, NXP, 인피니온의 합작으로 (자동차 비메모리 반도체) 생산시설의 건설을 추진하고 있습니다. 여기에는 총 100억 유로(13조 원가량)의 자금이 투자되는데 그중 50억 유로는 독일 정부가 보조합니다 (지분율은 TSMC : 보쉬 : NXP : 인피니온 = 70 : 10 : 10 : 10). 반도체 내재화를 미국만 추진하려는 것이 아니라 유럽도 마찬가지이며, 그만큼 한국 반도체 업체들의 해외 생산 부담이 커지고, 수출이 감소할 것으로 보입니다.

버핏이 장기적인 엔화 약세를 전망한 이유

2023년 4월 워런 버핏은 일본 5대 상사의 주식 지분을 확대했습니다. 일각에서는 이것을 일본에 대한 긍정적 시각으로 이해하지만 정작 버핏은 매수 자금을 엔화로 조달했습니다. 일본 부채를 얻었다는 것이므로 엔화 가치의 장기적 하락을 예상했다는 의미입니다.

일본의 GDP 대비 정부 부채는 266%로 세계 최고 수준이지만 민간 저축이 많아 '부자 나라'로 인정받고, 엔화도 안전자산으로 간주됩니다. 일본의 공공부채는 9조 2,000억 달러 수준이지만 가계가 저축을 통해 세계적으로 갖고 있는 자산 규모는 14조 3,000억 달러에 이릅니다. 그런데 이제 일본 인구의 고령화가 극도로 진행되어 노인이 (헬스케어 및 생계비 목적으로) 기존 저축을 소진해야 하는 국면입니다. 일본의 민간 저축이 줄어들고, 이것이 엔화 가치를 약하게 만들 것이라는 것이지요. 한국인은 저축을 고갈시켜야 하는 일본인만큼 늙지는 않았지만 고령화 속도는 세계 최고입니다. 그 사실이 원화 가치를 위협합니다.

한국과 일본의 공통적인 통화 약세 요인

수출 의존도가 높은 한국, 일본, 중국, 독일 경제는 교역 감소가 큰 타격이 될 것입니다. 즉 대형 생산시설이 가동되지 않아 떠안는 고정비 부담에 신음하겠지요. 그런 맥락에서 이 4개국은 투자에 있어 피하고 싶은 나라입니다.

교역 감소 이외에도 한국과 일본은 에너지 수입 비용 증가, 국방 예산 지출의 부담 요인도 통화가치를 약하게 만듭니다. 한국과 일본 모두 에너지 수입 의존도가 높아 친환경으로 전환할수록 에너지 수입 비용이 급증합니다. 한국, 일본 모두 신재생 발전이 어렵습니다. 산이 많아 태양광 패널을 설치할 수 있는 면적이 좁고, 바다가 갑자기 깊어져 해상 풍력발전기 설치도 효과적이지 않기 때문입니다. 또한 두 나라 모두 미-중 갈등의 경계선에 위치해 있어 국방 비용 증가가 불가피합니다. 중국과 러시아는 협력할 수밖에 없고, 그 사이에 끼인 일본이 먼저 스트레스를 받고 있는데, 결국 한국도 자유로울 수는 없을 것입니다.

아직 시장이 간과하고 있는 미래

선진국이 이제 제조업을 해야만 하는 이유

도요타 자동차는 전기차를 만들어도 팔기보다는 리스를 선호한다고 합니다. 배터리 안의 희귀금속 때문입니다. 차의 수명이 다해도 희귀금속은 재활용할 수 있으니까요. 도요타는 하이브리드 자동차인 프리우스를 1997년 출시했는데 이 자동차를 계속 생산하려면 배터리 내 니켈, 코발트, 망간 등 희귀금속을 재활용하지 않고는 불가능함을 시인했습니다. 사실 하이브리드 자동차의 배터리는 작습니다(배터리가 전기차처럼 주요 동력이 아니라 연비를 개선하기 위한 보조 배터리이기 때문입니다). 그럼에도 재활용이 절실하다는 것은 희귀금속 조달이 얼마나 까다로운지를 시사합니다.

앞으로 자원민족주의가 심화됨에 따라 희귀금속 확보는 더 어려워질 것입니다. 특히 희귀금속 매장량은 콩고, 인도네시아 그리고 칠레, 볼리비아 등 남미 사회주의 국가에 집중되어 있습니다. 제련 등 생산은 중국이 대부분을 차지합니다. 이들은 광산을 국유화하려고 합니다. 광물 채굴 시 수익의 50%를 세금으로 납부하라는 등 무리한 요구를 하기도 합니다. 심지어 OPEC(석유수출국기구)과 같은 카르텔을 도모하기도 합니다.

철강업계도 환경부담금에 시달립니다. 철강업은 이산화탄소 배출의 주범으로 지목받고 있지요. 향후 철광석을 채굴하고, 그것을 용광로에 넣고 석탄으로 가열해서 끓이는 방법은 많은 제한을 받을 것입니다. 그 대신에 고철을 수집해서 전기로를 통해 철을 만드는 재활용이 보편화될 것입니다. 심지어 지금도 (친환경 움직임으로 인해) 용광로에 고철을 섞기도 합니다. 이 경우 용광로 온도가 낮아져 철의 순도가 떨어질 수 있습니다. 특히 고철에는 불순물이 섞여 있을 수도 있지요. 그럼에도 환경부담금에 대한 부담 때문에 재활용 쪽으로 움직이지 않을 수 없습니다. 그렇다면 고철 가격이 급등할 테고, 이제는 고철조차 확보해야 해서 결과적으로 제조업을 해야 한다는 논리입니다.

한편 은퇴 노인이 증가하며 소비가 줄어듭니다. 노인은 소비보다 저축에 관심이 큽니다. 2000년대 이전 경제 고성장 시대에는 만들면 모두 팔렸습니다. 제조업이 대형 설비를 통해 얼마나 '규모의 경제'를 누리며 생산원가를 떨어뜨릴 수 있느냐가 경쟁력이었습니다. 2000년대 이후에는 만드는 대로 팔리지는 않습니다. 소비자의 가려운 데를 긁어줘야 팔리지요. '맞춤형 소비'의 시대로 넘어왔습니다. 소비자가 선호하는 패턴을 찾기 위해 똑똑한 인공지능을 활용하고, 그 과정에서 계산 능력을 지원할 수 있는 엔비디아의 GPU 및 고대역폭 메모리(HBM)도 소개했습니다.

그런데 소비자 개인별 정보(빅 데이터)가 있으면 인공지능이 훨씬 더 일하기 편합니다. 제조업을 직접 하면 할부금융 자회사를 설립해 어떤 고객이 무슨 형태의 제품에 관심이 있는지 소비 패턴 관련 데이터를 쉽게 얻을 수 있습니다. 그리고 제품에 그 패턴을 반영할 수 있습니다. 제조업을 통해 주변 환경 정보를 얻을 수도 있습니다. 예를 들어 타이어 제조 시 센서를 삽입할 경우 인근 지역 도로 사정을 파악할 수 있습니다. 타이어 주름이 단순히 모양으로 있는 것이 아니고, 주름 무늬에 따라 자동차 소음과 제동거리가 영향받습니다. 만일 타이어 제조업체가 자체 수리시설을 통해 센서를 회수한다면 경쟁력 있는 데이터를 획득하게 됩니다.

결국 과거에는 '싸다는 이유'만으로 중국에서 (아무 생각 없이) 물건을 수입했지만 이제는 선진국도 직접 제조업을 해야 하는 분명한 이유가 생겼습니다. 물건 안에 소중한 자원과 데이터가 포함되어 있기 때문입니다.

선진국이 제조업을 할 수 있는 인프라 − 위성인터넷, 로보틱스

선진국은 인건비가 비쌉니다. 제조업을 하려면 노동생산성을 높여야 하고, 이를 위해 로보틱스가 필요합니다. 즉 공장에는 주로 로봇이 모여 있고, 사람은 디지털 가상공간(digital twin)에서 작업을 하면 그 지시가 실시간으로 작업 현장으로 전달되는 사물인터넷(Internet Of Things)이 보급될 것입니다.

지금까지는 사물인터넷이 미래의 이야기로 남았습니다. 하지만 이제 인류가 본격적으로 스마트하게 살지 않으면 '지속 성장'이 어려워졌고, 선진국도 제조업을 해야 하는 국면에서 사물인터넷 인프라의 구축을 서둘 것입니다.

먼저 초고속 통신 인프라가 필요합니다. 사람이 디지털 환경에서 내린 지시가 실시간으로 작업 환경에 전달되어야 합니다. 예를 들어 가상환경에서 공장의 밸브를 돌렸는데 시간차가 발생하면 위험해질 수 있습니다. 통신 장애가 생기거나, 인터넷 접근이 어려운 지역도 문제가 됩니다(세계적으로 2021년 기준 인터넷 보급율은 53%입니다). 미국의 경우 통신망이 낙후된 편입니다. 땅이 워낙 넓어서이기도 하지만 산이나 농지 등 통신 탑을 설치하기 어려운 지역이 많고, 지역 주민이 고압 송전탑 설치를 반대합니다. 이런 문제들을 위성인터넷이 해결할 수 있습니다. 위성에서는 어느 지역이든 쉽고 안전하게 접근할 수 있기 때문입니다.

아직은 위성인터넷 속도가 느립니다. 쏘아 올린 위성이 많지 않기 때문입니다. 예를 들어 서울에 있는 컴퓨터가 데이터를 보냈는데 위성이 뉴욕 상공에 있다면 전달하는 데 시간이 소요됩니다. 만일 위성이 많아져 지구 상공에 촘촘히 위치해 있다면 데이터를 보내는 컴퓨터가 있는 곳 상공에 늘 위성이 대기하고 있을 것이며, 이때는 데이터 전송 지연이 사라질 것입니다.

한편 생산현장의 로봇(로보틱스 하드웨어)에는 센서가 중요합니다. 대표적인 것이 라이다(Lidar)입니다. 이는 주변 물체에 레이저 파장을 발사한 후 돌아오는 패턴을 분석해 물체까지의 거리 및 물체의 생김새, 성분까지 파악할 수 있습니다. 최근에는 자율주행 시스템에 적용되지만 자동 생산현장에도 적용할 수 있습니다. 카메라(비전) 기능도 센서에 중요한 부분입니다. 지시된 작업을 오차 없이 현장에서 실행하는 정밀제어 기능도 필요합니다. 이는 독일, 일본의 전통적 기업이 잘해왔습니다. 기계가 여러 일을 동시에 처리해야 하는 경우가 많아지며, 기능성 반도체의 역할도 중요해집니다. 즉 몰려드는 데이터를 병목이 생기지 않게 최적으로 분산시켜주는 반도체(DPU: Data Processing Unit)나 기계의 말단 동작을 제어하는 칩(FPGA)도 영향을 줍니다.

사이버 보안의 중요성

디지털 가상세계와 작업 현장이 이어지고, 데이터 전송량이 많아짐에 따라 해킹의 위험이 증가합니다. 이렇게 컴퓨터 간 연결성이 증가하면 한 곳만 뚫어도 다양한 정보를 훔칠 수 있습니다. 특히 미래 정보화 사회의 가장 소중한 자산은 데이터이므로 해킹 시도는 갈수록 늘어날 수밖에 없습니다.

그럼에도 아직은 사이버 보안에 대한 투자가 미온적입니다. 왜냐하면 아무리 투자를 해서 보안을 강화해도 해커가 뚫자고 마음 먹으면 뚫릴 수밖에 없습니다. 그래서 이를 억제하기보다 해킹 초기에 빨리 대응해 해커가 훔친 데이터 양을 최소화함으로써 해킹의 의미가 없어지게 한다는 생각을 가지고 있습니다. 그러나 통신망이 지금의 4세대에서 5세대로 넘어가면 해커가 정보를 훔쳐 달아나는 속도가 지금보다 10배 빨라집니다. 그러니 이제는 사이버 보안 투자를 안 할 수 없는 형편입니다.

특히 지금의 해커들은 데이터를 훔친 후 바로 달아나지 않고, 고정간첩처럼 내부에 잠입해 어떤 정보가 가치 있는지 살핍니다. 좋은 데이터를 충분히 모은 후 달아나지요. 해커를 방어하는 측에서도 범인을 즉시 체포하지 않습니다. 거짓 정보를 흘려가며 어색하게 반응하는 주체를 감시하다가 그가 도주할 때 추격해서 적의 근거지를 섬멸합니다. 아군과 적군 모두 해커입니다.

갈등의 대상이 되는 자원은?

희소성이 있거나 필수 소비 원자재일수록 다툼의 대상일 것입니다. 대표적인 것이 에너지였고, 지금도 마찬가지입니다. '페트로 달러(Petro Dollar, 석유 거래 시 달러로만 결제)'라는 말이 생길 정도로 미국이 석유 거래를 통제하며 패권을 유지해왔지만 지금처럼 각자도생의 시대로 접어드는 국면에서 에너지 의존도가 커질수록 그 나라는 답이 없어 보입니다. 따라서 각국은 에너지원 다각화를 위해 노력할 것입니다. 이미 태양광, 풍력 등 신재생 (전기) 에너지가 기존 석탄, 석유를 대체하고, 배터리의 한계로 인해 기존 송전망을 사용할 수 있는 수소, 원자력으로 빠르게 다각화될 전망입니다.

한편 미래의 패권은 데이터에 있다고 앞서 강조했습니다. 데이터가 우리를 스마트하게 만들어주는 원천이기 때문입니다. 데이터를 처리하는 소재가 반도체입니다. 또한 데이터를 기기에 담아줄 수 있는 한도를 배터리가 결정합니다. 그래서 미국이 반도체와 배터리 관련 신기술에 대한 중국의 접근을 차단하는 것입니다. 이런 갈등으로 인해 반도체와 배터리의 공급이 원활치 않다면 품귀로 인한 가격인상 효과가 나타날 수도 있습니다.

미국은 전쟁을 원하나?

미국은 돈도 자원이라고 생각하는 것 같습니다. 미국이 금리를 올리면 자금은 (중국, 러시아 등) 신흥 시장에서 빠져 미국으로 돌아갑니다. 이 경우 자금이 투자되었던 신흥 시장은 어려움을 겪습니다. 즉 미국은 자금을 조절하며 미국에 대항하거나 자원을 무기 삼는 국가에 영향력을 행사할 수 있습니다.

미국이 고민하는 것은 달러가 미국에서 빠져나가는 현상입니다. 지난 40년간 글로벌화를 통해 미국은 중국, 일본 등 아시아 국가의 물건을 사서 소비했습니다. 그만큼 달러는 미국에서 빠져나옵니다. 그러나 아시아 국가는 수출에서 벌어들인 달러로 미국 국채를 샀습니다. 미국에서 나왔던 달러가 다시 미국으로 돌아가는 셈이지요. 이러한 자금의 순환(Great Circulation) 덕분에 미국의 달러 가치가 유지되고, 미국인도 구매력을 잃지 않고 다른 나라의 물건을 사줄 수 있었습니다. 그래서 '형님' 소리를 듣고, 패권을 유지할 수 있었던 것이지요.

그런데 중국은 미국 국채를 더 이상 사지 않습니다. 오히려 팝니다. 일본도 이제는 미국 국채 매입에 미온적 태도입니다. 그 결과 달러가 미국 밖으로 유출될 뿐 다시 돌아오지 않습니다. 달러에 대한 매도 압력이 커지는 것이지요(= 달러를 팔아서 자국 통화로 교체). 이런 일이 장기간 지속되면 달러 가치에 대한 신뢰가 무너지고, 미국의 패권이 흔들릴 것입니다. 미국이 세일(shale) 가스를 중국에 수출해서 달러를 다시 가져오는 화해를 예상했지만 미국은 중국을 압박하고 있습니다. 탄소경제하에서는 중국의 상승세를 막기 어려우니, 에너지의 패권을 (석유, 석탄에서) 신재생 전기로 급하게 전환해 석탄 에너지 의존도가 높은 중국에 부담을 준 것이지요.

군사력 비교 (미국 vs. 중국)

비교 대상	미국	중국	비고
항공모함	20	4	• 미국은 폐기 중인 핵탄두의 재활용이 가능. 이 경우 6,700개에 이를 것으로 추정 • 중국은 비공개이므로 추정치
핵 잠수함	49	6	
폭격기	566	120	
핵탄두	3,708	400	
국방 예산 (10억 달러)	816	293	
GDP 대비 비중	3.30%	1.70%	

중국은 아직 석탄발전 의존도가 57%에 이릅니다. 이 구조를 당장 바꿀 수는 없습니다. 러시아와 중동의 산유국도 석유 의존도가 절대적입니다. 그런데 미국은 친환경으로 급선회했습니다. 중국, 러시아, 중동은 곤경에 빠질 수밖에 없습니다. 특히 중국에 대한 미국의 견제는 노골적입니다. 미래의 핵심 부품인 반도체 및 배터리에 있어 중국의 접근을 철저히 차단하고 있습니다. 중국은 이에 당연히 저항할 것입니다. 미국은 오히려 이를 기다리는 모습입니다(예를 들어 중국의 대만 침공 등). 미국은 우방 국가들과 공동으로 대항 세력을 공격할 수 있는 명분을 찾는 것 같습니다. 사실 미국은 적대세력을 제압할 수 있는 군사력을 가졌습니다. (군인 수 등 형식적인 자료 이외에) 전쟁의 승부에 직결되는 핵탄두, 항공모함, 전투기, 통신기술 등에 있어 미국이 중국보다 월등합니다. 그럼에도 패권을 유지하려면 동맹국과 함께 움직여야 합니다. 그래서 적대세력의 도발을 기다리고 있는지 모르지요.

지금의 금리 인상도 마찬가지 맥락입니다. 미국을 떠났던 달러가 미국으로 돌아가야 달러 가치가 유지되고 패권도 지킬 수 있는데, (세계가 저성장으로 인한 갈등 국면으로 접어들며) 중국을 비롯한 여러 세력이 한꺼번에 미국 패권에 도전하자 미국도 금리를 올리며 강압적으로 달러를 미국으로 끌어오는 긴장감을 조성하는 것이지요. 그러나 궁극적으로는 돈이 일할 곳이 미국임을 알고 저절로 유입되도록 만들 것입니다. 금리를 내려 신성장 신기술 (스타트업) 기업을 육성하면 돈을 투자할 기업을 찾아 미국으로 돌아올 것입니다. 여전히 신기술을 주도하는 국가는 미국이기 때문입니다.

피치의 미국 신용등급 강등이 시사하는 점

2023년 8월 피치는 미국 신용등급을 AAA에서 AA+로 강등시켰습니다. 스탠다드 앤 푸어스(S&P)는 2011년 이미 이렇게 강등시켰습니다. 무디스(Moody's)만 최고 등급인 AAA를 유지하고 있습니다. 채권의 국제 신용등급은 두 번째로 좋은 것(2nd best)을 적용하므로 미국 국채의 신용등급이 비로소 AA+로 추락한 것입니다.

이로 인해 미국 국채 가격이 폭락(= 미국 채권 금리 급등)하지는 않을 것입니다. 미국 채권에는 신용등급을 적용하지 않기 때문입니다. 패권 통화의 채권은 그 대우를 해주는 것이지요. 만일 미국 국채 가격이 흔들리면 세계 금융기관들의 자산이 부실화되어 금융이 마비될 수 있습니다. 피치도 그런 상황이 발생하지 않을 것임을 아니까 조치를 단행한 것이고요.

피치는 유럽 기관입니다. 미국이 방만하게 빚을 늘리고, 달러를 남발한 데 대해 경고를 한 것입니다. 유럽인은 재정 건전성을 위해 소비를 자제하고 절약하는 고통을 감수하는데, 미국은 달러를 남발해도 달러 가치가 패권 때문에 떨어지지 않고 구매력을 유지할 수 있습니다. 결국 미국인의 소비를 다른 나라 사람들이 보태준 것이나 마찬가지입니다. 푸틴은 그런 미국인을 '기생충'에 비유했습니다. 그동안 참고 있던 피치가 미국에 대든 것인데요, 이는 우방인 유럽조차도 미국 패권에 불만을 제기한 상징적 의미를 담고 있습니다.

그렇다면 미국은 어떻게 대응할까요? 더 군사력에 의존하거나, (중국을 비롯한) 적대세력이 가장 고통스러워 할 친환경으로의 급격한 이동을 서두를 수 있습니다. 만일 미국이 패권을 잃기 시작하면 각자도생 속에서 오히려 (빅테크처럼) 가장 효율적인 민간 플랫폼이 득세할 것으로 보입니다.

재활용 관련 나노 촉매 기술

우선 희소성 있는 금속의 재활용에 관심이 높습니다. 화학반응을 통해 어떤 물질을 따로 떼어내는 소재를 촉매라고 합니다. 백금이 가장 널리 알려진 촉매인데, 가격이 비쌉니다. 그래서 니켈 등 (상대적으로) 저렴한 촉매로 대체하려는 연구가 활발합니다. 이런 촉매 금속은 나노(nano meter = $1/10^9$ 미터) 상태의 작은 입자로 만들어 사용합니다. 입자가 작을수록 구석구석 스며들어 반응효과를 높일 수 있습니다.

물질이 나노 상태가 되면 전혀 새로운 성질을 갖기도 하며, 외부에서 받은 에너지를 증폭시키기도 해 촉매 기능을 개선시킬 수도 있습니다. 그래서 백금, 니켈, 팔라듐, 이리듐 같은 촉매에 다른 나노 물질을 작용시켜 기존 촉매의 역할을 더 촉진시키기도 하고, 탄소나노튜브나 그래핀처럼 스스로 촉매작용을 하는 금속도 있습니다. 한편 나노금속을 액체로 만들어 그 효과를 높이려는 시도도 있습니다. 재활용할 때 가장 핵심 기술은 촉매와 나노 소재 개발에 있습니다.

일상재 재활용의 경우 수집할 수 있는 네트워크가 중요해집니다. 이미 이런 사업을 하는 전통적인 기업들이 있는데 그 가치가 증가할 것으로 보입니다. 일각에서는 인공지능을 활용해 휴대폰으로 폐기물의 사진을 찍으면 그 성분을 분석하고, 또 붙어 있는 불순물 처리 과정에 소요되는 비용까지 감안해 가치를 정해주는 앱을 개발하기도 합니다. 똑똑한 고물상이 스마트폰 안으로 들어온 것이지요.

주력 기업들

사물인터넷 인프라 – 위성인터넷, 로보틱스

사람은 가상공간에서 일하고, 기계가 현장에서 그 지시를 받아 일을 하는 사물인터넷은 데이터 처리량이 급증하므로 그 데이터를 빠르게 처리·배분하는 반도체(GPU, DPU)가 중요하고, 이 분야에서 엔비디아, AMD가 경쟁력이 있음을 이미 설명했습니다. 한편 생산현장에서 기계에게 원하는 동작을 쉽게 프로그래밍할 수 있는 반도체(FPGA: Field-Programmable Gate Array)의 수요도 늘어납니다. 여기서 뛰어난 기업은 자일링스(Xilinx)였는데 AMD에 인수되었습니다.

미국은 중국에서 일자리를 되찾아오려 합니다. 고용 문제를 넘어 데이터 안보까지 결부되었기 때문입니다. 그런데 미국처럼 광활한 지역에는 통신탑 설치가 쉽지 않아 초고속 통신을 도입하기 어렵습니다. 그렇다면 사람이 있는 가상 디지털 공간과 로봇이 있는 현장을 실시간으로 연결하기 어렵습니다. 통신망을 증설하는 데는 자금의 부담도 있지만 물리적 공간의 제약도 있습니다. 지형상 통신탑을 설치하기 까다로운 지역이 있고, 환경보호지역을 지나야 하는 경우도 있고, 지역주민의 반대도 거셉니다. 그래서 어디서나 쉽게 접근할 수 있는 위성인터넷이 등장합니다.

일론 머스크는 2002년 스페이스 엑스(SpaceX)를 설립했고, 그 사업 가운데 스타링크(Starlink)가 위성인터넷 서비스를 제공합니다. 수천 개의 위성을 쏘아 올려 통신 네트워크를 만들었지요. 향후 위성의 가치는 증가할 것입니다. 그 기능이 (데이터) 통신뿐 아니라 국방, 태양광 발전, 그리고 유용한 자원 확보를 위한 우주 탐사 등으로 확대될 것이기 때문입니다. 이런 맥락에서 위성을 설계하는 비상장 기업을 주목해볼 만합니다. 특히 스페이스 엑스는 지구로 복귀한 위성을 재사용할 수 있는 역량이 있습니다(팔콘 9은 최초로 지구로 회귀한 로

켓을 재사용할 수 있도록 설계되었습니다).

스페이스 엑스는 비상장 기업이라서 직접 투자는 불가능합니다. 그런데 구글의 모회사인 알파벳이 스페이스 엑스에 10억 달러를 투자했습니다. 스페이스 엑스가 지금까지 98억 달러를 조달한 점을 감안하면 알파벳의 스페이스 엑스 지분은 10%가 조금 넘을 것으로 추정됩니다. 일론 머스크는 트위터 인수 자금을 마련하기 위해 스페이스 엑스 주식을 팔았지만 (2022년 말 기준) 42%의 지분을 보유한 상태입니다. 물론 알파벳이 순수 위성 회사는 아니지만 구글의 플랫폼 비즈니스가 인공지능의 발전에 힘입어 더 확장될 수 있으니, 알파벳을 통한 스페이스 엑스로의 간접투자는 좋은 선택으로 보입니다. 한편 구글이 스페이스 엑스에 일부 지분을 투자해 우주항공 산업에 뛰어든 반면, 아마존은 (카이퍼 프로젝트라는) 독자적인 위성인터넷 사업을 추진하고 있습니다.

UN에 따르면 2023년 6월 말 기준 1만 1,330개의 위성이 근지구 상을 돌고 있습니다. 2022년 1월에 비해 38% 늘어난 수치인데, 위성 보급은 가속화되고 있습니다. 위성인터넷이 충분한 속도를 내려면 위성의 개수가 5만 개 이상은 되어야 합니다(그래야 데이터가 있는 컴퓨터 근처에 항상 위성이 위치해 전송 지연을 줄일 수 있습니다). 그런데 지금처럼 위성 보급이 가속화된다면 시간이 갈수록 시장의 관심이 당연히 쏠릴 것입니다. 또한 데이터 운송량이 많은 경우에도 위성 전송 속도가 떨어질 수 있는데, 데이터 양을 제한할 수 있는 사업부터 위성인터넷을 적용할 수도 있습니다. 위성통신을 주업으로 하는 기업으로는 미국의 비아샛(Viasat / 시가총액 4.5조 원)이 있습니다. 한편 위성은 전통적으로 국방 업체들이 주로 개발해왔습니다. 록히드 마틴(Lockheed Martin)도 위성 제조에 상당한 경험이 있습니다.

로보틱스 하드웨어의 경우 야스카와 전기(Yaskawa Electric Corporation)나 ABB처럼 전통적으로 산업용 자동화 로봇을 만들던 업체가 우선적으로 수혜를 입을 것입니다. 이들은 기계의 정밀 제어나 다양한 구동 모터에 강점이 있습니다. 이미 안정적인 수요 기반을 확보했고, 사물인터넷의 확산과 함께 수혜가 더해질 것입니다. 야스카와 전기는 1915년 설립되어 기계 제어 분야에서 세계 최고의 기업으로 인정받고 있습니다.

한편 인공지능 기술의 발전과 함께 다양한 동작이 가능한 원격 로봇의 개발에 주력하는 기업도 있습니다. 보스톤 다이내믹스가 대표적인데, 1992년 미국 MIT 공대 로봇공학 연구실에서 분사되어 설립되었고, 2021년 6월 현대자동차 그룹이 인수했습니다. 보스톤 다이내믹스는 (대학 출신답게) R&D(기초연구와 개발 업무)에 치중한 나머지 제품 상용화에 약점이 있었습니다. 반면 현대자동차 그룹은 생산기술 및 제품 양산에 강점이 있으므로 시너지가 클 것입니다. 과거 중국에서 자동차 공장을 설립할 때 GM이 3~4년을 소요하던 반면 현대자동차는 1년 반 만에 끝낼 만큼 생산기술이 탁월했습니다. 원격 로봇의 수요는 이제 시작 단계이나 사물인터넷 인프라가 갖춰질수록 가파르게 성장할 것입니다. 한국에는 로보티즈라는 업체도 있습니다.

한국의 1970~1980년대를 현대그룹의 자동차, 중공업이 이끌었다면 1990년대 이후는 삼성그룹의 반도체가 견인했습니다. 모두 그 시대가 요구하는 수요에 부응했기 때문입니다. 노동력이 부족해지는 지금 보스턴 다이내믹스를 인수한 현대자동차 그룹이 로보틱스 시장을 열어 한국경제의 새로운 도약을 만들어줄까요?

사이버 보안 - 조기 발견의 중요성

통신 속도가 5세대 이상으로 빨라지면 해킹의 사후 경보 체계는 무의미합니다. 그래서 사전에 해킹을 감지해야 합니다. 먼저 내부 시스템이 동작하는 패턴을 미리 파악하고, 그와 다른 패턴이 나타나면 즉시 의심하기 시작하고, 그에게 거짓 정보를 주었을 때의 반응이 어색하면 적으로 확신합니다. '패턴'을 파악하는 기능이 인공지능이므로 사이버 보안에서 '인공지능 및 계산 능력'은 절대적입니다. 한편 중요한 데이터는 블록체인을 통해 (공증하는 형식으로) 해킹을 방지하는 방법도 있는데, 계산 능력이 진화할수록 블록체인의 해킹에 도전할 수 있습니다. 따라서 사이버 보안에 있어서도 엔비디아의 GPU나 고대역폭 메모리(HBM) 수요는 진작됩니다. 물론 양자컴퓨터가 상용화되면 사이버 보안에 새로운 시대가 열리겠지만 아직 시기상조입니다.

한편 이른 시기에 해커를 색출하고 그들을 추격해 적의 근거지를 섬멸하는 프로그램의 설계 기획력이 뛰어난 업체로는 크라우드 스트라이크(CrowdStrike)와 맨디언트(Mandiant)가 있습니다. 맨디언트는 2022년 10월 구글이 인수했습니다. 한편 지금은 기업이 자체적으로 사이버 보안 프로그램을 운영하고 있는데, 회사의 기밀을 외부에 노출시키기를 꺼려하기 때문입니다. 그러나 앞으로 사이버 보안이 더욱 중요해지고, 기업이 개별적으로 해커를 방어하기 어려워지면서 공동방어 체계의 필요성이 커질 것입니다. 그럴수록 크라우드 스트라이크 같은 사이버 보안 전문 업체에 위탁할 것으로 보입니다.

국방 관련주 – 록히드 마틴

자원민족주의가 팽배해지면서 국가 간 갈등이 고조될 것입니다. 이 과정에서 일부 원자재 가격이 (공급 차질로 인해) 순간적으로 급등할 수도 있습니다만, (신기술의 탄생 등) 그 문제를 해결해주는 여러 방안도 함께 등장할 것입니다. 저는 원자재 투자에는 회의적입니다. 왜냐하면 대부분의 국가(정부)가 높은 원자재 가격에 대해 불쾌해하기 때문입니다. 그래서 어떤 식으로든 원자재 가격을 하향 안정시키려고 노력하며, 그 결과 역사적으로 원자재 가격 상승률은 (높은 변동성에도 불구하고) 초라했습니다. 즉 순간적으로는 급등할 수 있지만 장기투자에는 어울리지 않습니다.

원자재 부족 관련 갈등을 해소하는 방안 중 하나가 전쟁입니다. 또 지금은 서열 정리가 필요한 시기입니다. 중국은 머리가 굵어져 높아진 위상을 인정받고 싶은 반면, 미국은 달러 가치에 대한 의심을 불식시켜야 합니다. 지금 미국이 쓰고 싶은 것은 압도적인 군사력입니다. 그러나 함부로 휘두를 수는 없고, 명분을 찾기 위해 기다리는 모습입니다. 그래서 중국, 러시아가 참기 어려울 만큼 적대세력을 몰아세우는 것이고요.

그렇다고 해서 이전과 같은 세계대전은 발생하지 않을 것입니다. (미국을 상대하기에 전투력 면에서) 중국, 러시아가 게임이 안 된다는 것을 스스로 알기 때문입니다. 둘이 연합해도 그 결과는 마찬가지입니다. 단, 미-중-러 간 이해관계가 충돌하는 곳에서의 국지전은 빈번해질 것입니다.

미국의 전투력은 압도적인데, 그런 국방기업이 상장되어 있으므로 미국 국방주에 편하게 투자할 수 있습니다. 전투기를 생산하는 록히드 마틴(Lockheed Martin)이 대표적입니다. 보잉(Boeing)도 전투기를 만들지만 록히드 마틴이 우월합니다. 단, 회사의 정치적 입장이 민주당에 가까워 공화당 대통령이 집권 시 불이익을 받기도 하는 것 같습니다.

록히드 마틴은 국방용 위성 개발 및 생산에서도 선두입니다. 향후 위성인터넷 시대로 접어들면 위성 부문도 신성장 동력이 될 수 있습니다. 사이버 보안에도 앞서 있습니다. 그것이 국방의 중요한 부분이기 때문입니다. 그 밖에 미국의 국방주로 (군함 및 미사일을 개발하는) 제너럴 다이내믹스(General Dynamics), (통신 및 레이저 무기를 생산하는) 레이시온 테크놀로지(Raytheon Technology) 등이 있습니다.

재활용 관련 촉매 기술

재활용에 있어 가장 관심을 받는 분야는 전기차 배터리입니다. (배터리의 구조가 완전히 바뀌지 않는 한) 그 안의 희귀금속을 재활용하는 일은 광산에서 보석을 캐는 것만큼이나 값질 것입니다. 어쩌면 배터리를 만드는 일보다 재활용이 더 중요한 사업이 될 수도 있습니다. 아직은 배터리 생산 과정에서의 불량품을 재활용하는 정도이므로 리튬 오스트레일리아(Lithium Australia), 리사이클 홀딩스(Li-Cycle Holdings) 등 배터리 재활용 전문업체의 주가가 하락해 누워 있습니다. 그러나 전기차가 2020년부터 보급 속도가 빨라졌으므로 2025년 이후로는 배터리 재활용 시장이 급성장할 것입니다.

우선 (니켈, 코발트, 망간 등) 배터리에 사용된 희귀금속에 붙어 있는 산소를 떼어내고, 이들을 각자의 금속 상태로 분류하는 일이 진행됩니다. 여기서 핵심은 산소를 분리해내는 일이지요. 지금은 황산, 염산 등 강산으로 산소를 분리하지만 이는 환경을 오염시킵니다. 그래서 환경친화적인 약산을 찾거나, 수소로 (산소를) 씻어내거나 또는 플라즈마를 만들어 (산소를) 떼어내는 (전자 샤워) 시도도 해보지만 비용 부담이 큽니다.

촉매를 사용하는 방법도 있지만 (산소가 떨어진) 희귀금속이 촉매에 엉겨 촉매의 수명이 단축되는 문제가 있습니다. 결국 이런 문제를 해결하는 제련기업이 시장을 석권할 것입니다(제가 창업한 스타트업은 이 문제 해결에 도전하고 있습니다). 이 분야에서 오랜 업력을 가진 업체로는 유미코어(Umicore)와 스미토모 메탈 마이닝(Sumitomo Metal Mining)이 있습니다.

쓰레기 수거 네트워크

한편 일반 쓰레기 재활용도 점점 중요해져 무엇보다 수거 네트워크를 가진 업체가 두각을 나타낼 것입니다. 이미 미국은 웨이스트 매니지먼트(Waste Management) 및 리퍼블릭 서비스(Republic Services) 같은 대표적인 업체가 자리잡고 있습니다. 한편 클린 하버스(Clean Harbors)는 독극물 등 다루기 위험하고 해로운 폐기물을 정화·재활용하는 데 특화되어 있습니다.

6장의 핵심 포인트

∨ 선진국이 제조업을 할 수밖에 없는 이유에 관심을 가져라.

∨ 지속성장을 위해 인류는 디지털 가상공간으로 들어가야 한다.

∨ 사물인터넷 인프라 : 초고속 (위성) 인터넷, 로보틱스, 사이버 보안

∨ 미국이 전쟁을 피해 패권을 유지할 수 있는 길 : 금리 인하를 통해

신성장 기업을 육성하기

∨ 재활용 관련 키워드 : 나노촉매기술, 쓰레기 수거 네트워크

∨ 록히드 마틴 – 전투기뿐 아니라 위성 및 사이버 보안에서도 선두권이다.

● 지금까지 주가에 반영된 사실들

● 아직 시장이 간과하고 있는 미래,

　주력 기업들

CHAPTER 7

새로운
질병의 출현과
바이오 테크

INTRO

비전문가가 바이오 주식에 투자하는 것은 매우 어렵습니다. 개별 종목을 고르는 것은 무모할 정도입니다. '모 아니면 도' 식의 투자가 될 수 있습니다. 그럼에도 바이오 산업에 관심을 두는 이유는 인류가 빠르게 늙어가고 있고 성장 산업인 것은 분명하기 때문입니다.

반면 바이오 테크 기업(특히 미국 스타트업)은 혁신기술 개발 하나로 이루어진 경우가 많아, 기술의 변화 등 불확실성이 매우 크기 때문에 거품이 과도하게 생겼다가 꺼지는 일이 자주 나타납니다. 프로젝트에 실패해 회사가 사라지는 일도 흔합니다. 그러니 개인투자자라면 바이오 개별 주식에 투자하는 것은 가급적 피해야 합니다. 모멘텀이 생길 때 잠시 따라붙는 정도가 좋습니다. 수요가 몰릴 분야(테마)의 지수(인덱스) 또는 ETF에 투자하는 것이 바람직합니다. 이 책에서 이야기하는 것은 그 모멘텀이 나타났을 때 다른 사람들보다 먼저 이해하기 위한 기초자료라고 보면 됩니다.

바이오 펀드로는 SPDR S&P Biotech ETF(코드 XBI), iShares Nasdaq Biotechnology ETF(코드 IBB)가 있습니다. 금리가 하향 안정되고, 자금이 바이오 스타트업으로 원활하게 흘러들어 장밋빛 기대가 생길 때 투자해볼 만합니다. 바이오 부문별로 보면 아직 기술적으로 완성되지 못한 경우가 많은데, 그 가운데 RNA 치료제 기업들의 경쟁력은 검증된 것으로 보입니다. 그 예로 Alnylam Pharmaceuticals (코드 ALNY), Ionis Pharmaceuticals(코드 IONS), Arrakis Therapeutics(비상장)가 있습니다.

지금까지 주가에 반영된 사실들

우리 몸에서는 매일 암세포가 생깁니다. 세포 분열 과정 속에 오류가 생기면 그것이 '변이'이고, 암세포로 발전합니다. 대부분은 그렇게 되기 전에 면역세포가 죽이지요. 그런데 인간은 나이가 들수록 면역력이 약해져 결국 암과 같은 치명적인 질병에 노출될 확률이 높아집니다.

과거에는 암 억제를 위해 방사선 치료와 화학약품에 의존했었습니다. 하지만 이제는 면역세포를 환부에 작용시켜 암을 억제하기 시작했습니다.

면역기능의 개선

면역의 기능에는 (병을 일으키는) 항원을 체포하는 것과, 죽이는 것이 있습니다. 그런데 살상력이 강합니다. 만일 면역세포가 실수해서 (항원이 아닌) 정상세포를 공격하면 (염증 반응으로 인해) 사람이 단 몇 시간 내 죽을 수도 있습니다. 그래서 면역세포는 항원을 공격할 때 신중합니다. 공격 전에 적(항원)인지 확인하는 절차를 갖는데요, 그 사이 암세포는 마치 자신이 정상세포인 것처럼 신호를 보내 면역세포를 따돌립니다. 그래서 암세포가 면역세포로 신호를 전달하는 통로(관문)를 막아버립니다. 면역세포가 암세포에게 속지 않게 하는 것이지요. 이것이 '면역관문억제제(immune checkpoint)'이고, 머크(Merck)의 '키투르다'가 대표적인 약이었습니다.

유전자 치료제 개발, 아직 해결하지 못한 문제

암 환자의 면역세포를 몸 밖으로 추출한 뒤 그 가운데 암세포와 잘 싸운 것들을 골라 (유전자를 조작해) 더 강한 공격 신호를 준 뒤 환자 몸 안으로 주입하면 치료 효과가 높을 것으로 기대했습니다. 이런 형태를 유전자 치료제라고 합니다. 또 다른 예로는 무릎 연골의 줄기세포를 몸 밖으로 꺼내 빨리 자랄 수 있도록 유전자를 변형한 후 무릎 안으로 다시 투입하거나, 혈관이나 조직의 성장을 그런 식으로 도모할 수 있습니다.

그러나 몸 안에서 유전자 치료제의 기대한 효과가 나타나지 않았습니다. 일단 유전자가 변형되면 우리 몸은 그것을 독(이물질)으로 간주해 간으로 보내 분해시키거나 몸 밖으로 뱉어내버립니다. 그래서 당초 기대한 성과를 얻을 수 없었던 것이지요. 그래서 약물을 환부에 전달하는 기술(DDS: Drug Delivery System)은 치료의 핵심 기능입니다. 지금까지 이 부분에서 많은 시행착오를 겪었습니다. 뒤집어 이야기하면 이 문제를 해결하는 업체가 향후 항암 분야에서 주도권을 잡을 것입니다.

아직 시장이 간과하고 있는 미래, 주력 기업들

면역세포가 암세포를 찾을 수 있는 기술

면역세포가 암세포를 잘 찾기만 한다면 암은 별로 위험하지 않은 병이 될 것입니다. 그러나 면역세포가 찾을 수 있는 암세포(hot tumor)는 20%에 불과합니다. 나머지는 체포할 수 없는 암세포(cold tumor)입니다. 결국 과제는 체포할 수 없는 암세포를 면역세포가 찾을 수 있는 암세포로 바꿔주는 일이겠지요.

암세포를 체포하는 기능을 담당하는 면역세포가 암을 잡아 그 부스러기를 공시하면, 암세포를 죽이는 기능의 면역세포가 접근을 합니다. 이것이 면역항암제의 구조입니다. 원래 암세포에는 특유의 표지자가 있어 암을 식별할 수 있는데, 표지자가 없는 경우 (면역항암제를 통해) 면역세포가 체포한 암세포의 부스러기를 다른 암세포에도 올려놓아 식별이 가능하고, 죽일 수 있게 만든 것이지요. 어떤 경우는 면역세포가 체포한 암세포의 부스러기가 암세포의 표지자와 다를 수 있습니다. 그럼에도 암세포를 알아볼 수 있도록 면역항암제를 설계할 수 있습니다.

한편 암세포에 어떤 인자가 과발현되면 면역세포가 암세포를 볼 수 없습니다. 이 경우 항암제로 그 방해인자와 먼저 작용해 그 기능을 억제하면 면역세포가 방해 없이 암세포를 공격할 수 있습니다.

 암의 재발 억제 사업에 투자해도 될까?

면역항암제가 "이런 것이 암세포야"라고 면역세포에 학습을 시켜도 기억하는 기능이 없으면 12개월 이내에 학습효과가 소멸된다. 약물에 내성이 생기고, 암이 재발하는 것이다. 그나마 면역항암제의 작동 원리가 가장 복잡해 (암세포가 약물을 회피하는 데 어려움을 겪고) 재발 기간이 다른 약물보다 길다. 지금으로서는 약을 바꾸는 것 이외에 다른 효과적인 방법이 거의 없다.

한편 지금까지는 원발암의 재발 억제에 주력했지만 별 성과가 없어 암의 전이 억제로 관심이 이동하고 있다. 암의 전이는 표적을 설정하기가 매우 어려운데, 이제 시작 단계이므로 투자하기에는 아직 이르다.

약물의 환부 전달 기술

항체는 병원균(항원)이 몸에 생겼을 때 찾아가 싸우는 역할을 합니다. 그런데 전투력은 사람이 개발한 약물에 훨씬 미치지 못하지요. 그래서 항원을 찾아가는 역할로 주로 사용합니다. 항체에 약물을 붙여 환부에 보내거나, 항체를 환부에 보내 문제를 일으키는 곳을 틀어막기도 합니다. 문제는 항체가 너무 커서 세포 속으로 들어가기 어렵다는 점입니다. 그래서 항체에 붙은 약물을 환부에 소량만 주입할 수 있는데, 그럼에도 효과가 있습니다. 그렇다면 항체를 세포 속으로 조금이라도 더 많이 집어넣을 수 있는 기술이 미래에 각광받을 것입니다.

한편 항체가 환부로 가는 도중 면역세포에 체포되는 황당한 일도 벌어집니다. 아군이 아군을 체포해 죽이는 것이지요. 이는 항체의 한 부위 때문에 발생하는데, 그 부분을 잘라내거나 제거하지 않아도 그 기능을 잠재울 수 있는 연구가 진행 중입니다. 이 연구가 성공하면 더 많은 항체를 환부에 보낼 수 있습니다.

한편 약물을 혈관 속으로 투여해야 하는 경우도 있는데 혈액 내에서 죽는 경우도 많습니다. 또는 독으로 인식해서 간으로 보내 해독시키든지요. 그래서 혈액 내에서 죽지 않는 약물의 패턴을 찾고 있습니다. 예를 들어 암 검사를 혈액으로 할 때 피 속에 떠다니는 암세포 파편을 찾습니다. "이 암세포 파편은 어떤 변이를 통해 혈액 속에서 살아남았지?"라는 의문 속에 그 변이의 패턴을 조사하는 것입니다.

한편 순한 화학약품으로 항암제를 개발할 수 있습니다. 화학약품은 분자가 작아서 환부에 잘 스며들 수 있는 반면, 환부에 국한해서 표적(target)하기 어렵습니다. 즉 몸 전체가 피폭되는 것이지요. 그런데 감기약은 몸 전체가 피폭되어도 별 부작용은 없지 않습니까? 그런 화학약품으로 항암제를 만들자는 것이지요.

암세포에서만 선택적으로 작용하는 화학약품을 찾는 연구도 진행됩니다. 어떤 표지자는 암세포뿐 아니라 일반 세포에도 발현되어 있습니다. 이런 표지자를 겨냥하는 항암제를 만들면 일반 세포도 다칠 수 있는데, 암세포에서만 선택적으로 그 기능을 하도록 설계하자는 노력입니다.

RNA 치료제

유전자에는 DNA와 RNA가 있습니다. 우리 몸은 주로 단백질로 구성되어 있는데, 단백질이 유전자의 정보에 의해 만들어집니다. DNA의 염기서열이 RNA에 도장 찍히듯 전달되고, RNA의 신호대로 아미노산이 합성되어 단백질이 형성됩니다. 그런데 암세포도 단백질입니다. RNA의 신호를 조절할 수 있다면 암세포처럼 원치 않는 단백질은 만들지 않고, 반면 치료에 도움이 되는 단백질 형성은 촉진시킬 수 있겠지요. RNA 스위치를 껐다 켰다 하면서 질병을 치료할 수 있는데, 만일 실수해서 정상적인 단백질 형성이 방해되면 목숨을 잃을 수도 있습니다. 따라서 원하는 기능의 RNA 스위치만 선택적으로 조절할 수 있는 능력이 중요합니다.

관련 업체로 앨라일람 파마수티컬스(Alnylam Pharmaceuticals)와 아이오니스 파마수티컬스(ionis pharmaceuticals)가 나스닥에 상장되어 있고, 비상장 업체로는 아라키스 테라퓨틱스(Arrakis Therapeutics)가 있습니다. RNA 치료제는 꿈의 신약으로 알려져 있으며, 향후 5~10년 바이오 테크 시장에서 주요 테마로 자리 잡을 것입니다.

우울, 불안, 공황장애

젊은 학생들이 실신하는 일이 점점 늘고 있습니다. 인류는 산업혁명 이후 지난 200년간 성장의 도구도 얻었지만 그 과정에서 많은 상처와 스트레스를 받습니다. 그로 인해 호르몬 생성 및 분비 과정에 이상이 생길 수 있는데, 그것이 유전될 수 있다는 연구 결과가 계속 발표되고 있습니다. 인간의 상처와, 그로 인한 우울, 불안도 후대에 누적되어가는 것이지요. 그 결과 유아 가운데 자폐나 ADHD 환자가 급증합니다.

실신한 한 학생의 장내 미생물을 조사해보니 매우 부족한 상태였습니다. 우리의 장벽은 코팅이 되어 있습니다. 그렇지 않다면 장내 이물질이 혈관으로 스며들 수 있으니까요. 그 코팅재가 미생물의 분비물입니다. 그 학생의 경우 미생물 부족으로 인해 장의 코팅이 미흡해 이물질이 조금씩 장 밖 혈관으로 새어 나왔을 것입니다. 이 경우 면역세포가 흥분하고, 몸에 염증을 만듭니다(면역세포는 몸이 따뜻할

에이치이엠의 창업자들 – 빌헬름 홀잡펠(Wilhelm Holzapfel)과 지요쎕 대표

때 활성화되는데, 흥분하면 자신이 일하기 편한 환경을 만들기 위해 정상세포에 염증을 만들어 체온을 올리는 것이지요). 그런데 장은 뇌와 직결됩니다. 그래서 면역이 (장 질환 시) 뇌에 염증을 만듭니다. 뇌에 염증이 생기면 (신경세포 사이에, 즉 뉴런과 뉴런 사이에) 신경전달물질이 제대로 분비되지 않아 우울, 불안을 야기하고 공황 장애로 발전하기도 합니다. 뇌의 염증이 급격히 심해지면(사이토카인 폭풍) 뇌는 스스로를 보호하기 위해 스위치를 꺼버립니다. 그로 인해 그 학생이 기절한 것이고요.

환자의 장을 정상적으로 코팅하기 위해서는 장내 미생물 환경을 복원시켜야 합니다. 그런데 사람마다 최적의 미생물 환경이 다릅니

다. 그 솔루션 개발이 관건입니다. 지금까지는 주로 화학약물로 신경전달물질을 조절했습니다. 신경세포 사이에 신경전달물질이 너무 부족하면 우울과 불안이 나타나고, 너무 많으면 흥분(조증)으로 이어집니다. 그런데 화학약물은 신경전달물질을 너무 과다분비시키거나, 급격히 억제해 정상적인 상태를 유지하기 어렵습니다. 그래서 미생물과 같은 새로운 치료법이 관심을 모으고 있습니다. 에이치이엠(HEM pharma)은 이 치료법으로 미국에서 임상 2상에 돌입했습니다.

한편 뇌를 자기장 등 외부 파장으로 자극해 신경전달물질의 분비를 유도하는 디지털 치료제도 개발되고 있습니다. 자기장도 미생물처럼 인체에 거의 무해하므로 적용이 편합니다. 굳이 화학 약물처럼 몸 전체에 타격을 주지 않고 스마트하게 치료할 수 있는 방법이 연구되고 있습니다.

사전진단

국민이 질병에 감염되기 시작하면 환자 본인도 문제지만 정부 입장에서도 골치 아파집니다. 건강보험 재정이 부실해지기 때문입니다. 미국은 제약사가 스스로 약가를 정하기 때문에 비쌉니다. 정부가 약을 비싸게 사다가 싸게 국민에게 나눠주는 것이지요. 고령 인구가 급격히 늘면서 정부의 의료비 지출은 기하급수적으로 늘어날 것입니다.

따라서 정부는 환자가 쓰러지기 전에 감지해 병원으로 보내고 싶어 합니다. 환자의 상태를 실시간으로 알고 싶어 합니다. 따라서 환자의 건강정보를 실시간으로 측정할 수 있는 의료장비 특히 웨어러블 디바이스에 관심을 가질 것입니다.

결국 의료 데이터가 디지털화된다는 의미입니다. 정기적인 건강검진 정보에 실시간 의료 정보까지 더해져 인공지능이 환자 상태의 패턴(RNN)을 잡는 데 충분한 데이터가 제공될 것입니다. 더욱이 인공지능의 계산 능력이 발달하며 이런 의료 정보의 해석 능력이 크게 개선되면 사전진단 서비스의 보급이 가팔라질 것입니다. 즉 "당신의 혈액 내 단백질 정보 패턴을 관찰하니 이런 식으로 계속 살면 몇 년 후 어떤 질병에 노출될 확률이 얼마입니다. 생활습관을 이렇게 바꾸거나 이런 약을 미리 드십시오"라는 서비스를 해줄 수 있는 것이지요. 미국의 빅테크들이 이미 관심을 가지고 활발하게 사업을 추진하고 있습니다.

사전진단 가운데 가장 관심을 모으는 것은 암의 조기 진단입니다. 세계적으로 암 진단에 먼저 관심을 가진 기업은 (유전자 지도를 그려주는 장비 생산 업체인) 일루미나(Illumina)의 자회사인 그레일(Grail)입니다. 한번 환자를 조사하면 전체 암종에 대한 진단 결과가 나옵니다. 그러나 초기 진단에 대한 정확도는 높지 않아 보입니다. 그렇다면 별 의미는 없겠지요. 위암이나 대장암은 조기 진단이 쉽습니다. 많은 사람이 정기적으로 내시경 검사를 하기 때문입니다. 반면 췌장암이나 난소암은 조기 진단이 어렵습니다. 사람들이 위나 대장만큼 정기 검진을 안 하기도 하고, 병의 특성상 상대적으로 발견이 어려운 면이 있습니다. 이런 경우 특이한 마커(marker)를 사용해 조기 진단의 정확도를 높이는 기술이 등장한다면 시장의 관심을 받을 것입니다.

인공지능을 통한 영상 진단

지금까지의 진단은 체내 혈액이나 조직을 검사하는 것이지만 이제는 사진을 통한 생김새의 패턴(CNN)으로 병의 유무를 진단하는 인공지능 기법이 등장했습니다. 의사도 이를 사전 검토(screen)하는 데 참고자료로 활용하는데, 좀 더 정밀해지면 많은 환자가 저렴한 가격에 빈번하게 검사할 수 있어 질병 예방에 큰 도움을 줄 것입니다. 한국에도 루닛, 뷰노 같은 기업이 주목을 받기도 했습니다.

슈퍼 박테리아

코로나 바이러스는 변이 속도가 매우 빨랐습니다. 원래 동물의 바이러스는 사람 몸 속에 들어올 수 없는데, 그 빠른 변이 중 하나가 인간의 수용체와 비슷해서 사람 몸의 자물쇠를 따고 들어온 것이지요. 그 놀라운 변이 속도 때문에 백신이나 치료제에 제압되지 않고 급하게 전염되었습니다. 그래서 코로나 바이러스가 '슈퍼 바이러스'로 불린 것이지요.

그런데 코로나 바이러스가 인간 몸 속에 들어온 이유에는 바이러스가 많은 변종(= 열쇠)을 만든 것도 있지만 인간의 면역력이 약해진 부분도 있습니다. 동물의 바이러스가 몸 속에 들어온 초기에 제압할 만한 면역력을 갖추지 못한 사람이 있었다는 이야기고, 그들을 통해 사람 사이에 전염이 된 것이지요. 앞으로 면역력이 약한 노인의 비중이 급증하며 이런 사건은 얼마든지 재현될 수 있습니다.

인류 대부분이 코로나 백신을 접종했고 자연 항체가 생긴 경우도 있습니다. 그 결과 당분간은 인류가 팬데믹 바이러스에 노출되지는 않을 것 같습니다. 그런데 슈퍼 박테리아에 당할 수 있습니다. 약해진 면역력 때문입니다. 박테리아는 주로 수인성 전염병입니다. 병원성 미생물이 물을 통해 전염됩니다. 주로 위생 문제가 있는 후진국에 발생하지요. 그런데 이것을 뒤집어 생각하면 선진국 사람은 박테리아 내성이 결여되어 있다는 의미입니다. 인구 고령화가 심화되어 면역력이 약해지는 가운데 박테리아가 선진국을 돌파할 경우 빠르게 퍼질 수 있습니다. 특히 지구온난화로 인해 빙하가 녹으면, 아직 인류에 모습을 드러내지 않은 박테리아가 등장할 수도 있습니다. 이런 박테리아들은 전혀 연구가 되지 않아 그야말로 인간은 무방비 상태입니다. 대기오염으로 인한 분진이 슈퍼박테리아의 운반체가 될 수 있다는 주장도 있습니다.

박테리아에 감염되었을 때 가장 먼저 쓸 수 있는 약은 항생제입니다. 대부분의 박테리아를 빠른 시간 내 죽일 수 있어 효과적입니다. 그러나 내성이 생깁니다. 문제를 일으키는 박테리아뿐 아니라 유익한 박테리아도 죽입니다. 만일 항생제 내성이 있는 박테리아가 유익한 박테리아에 의해 제압되고 있는데, 항생제를 투입해서 유익한 박테리아가 죽고 내성이 있는 나쁜 박테리아가 생존하면 문제가 훨씬 더 커질 수 있습니다. 이런 경우 극약처방으로 정상인의 변을 장내에 투입하는 경우도 있습니다. 급하게 장내 미생물 환경을 복원하려는 것이지요. 물론 면역거부반응이 나타날 위험을 감수하는 극단적 조치입니다.

선진국에서는 장기에 생기는 염증(IBD)과 장기가 세균에 감염(CDI)되어 1년에 수백만 명씩 사망합니다. 불치병에 가깝습니다. 따라서 정상인의 변에 포함되어 있는 박테리아(미생물)의 조합을 면역거부반응 없이 정제해 약으로 개발했습니다. 세레스(Seres)가 미국 식약처로부터 승인을 받았습니다. 이는 미생물을 이용한 약 중 최초로 승인받은 신약입니다. 그동안 미생물은 약으로 인정받지 못했습니다. 미생물 간 미치는 영향이 매우 복잡해 효능이 일어나는 메커니즘을 정확히 설명하기 어려웠기 때문입니다. 그럼에도 이제는 인류의 질병 치료에 (인체에 독성이 없는) 미생물의 사용이 불가피함을 인정한 첫 사례입니다. 세레스 이외에도 베단타(Vedanta)가 미생물을 활용한 난치성 장염 치료제 개발을 위한 임상시험 마지막 단계에 있습니다.

항생제 이외에 박테리아를 제압할 수 있는 것에 박테리오파지(bacteriophage)가 있습니다. 박테리아를 바이러스에 감염시켜 제압하는 원리입니다. 파지의 장점은 첫째, 박테리아가 내성이 생기기 전에 죽는다는 점, 둘째, 문제가 되는 박테리아만 선택적으로 공격할 수 있다는 점입니다. 반면 단점으로는 제압할 수 있는 박테리아의 종류가 제한적이라는 것입니다. 따라서 치료를 위해 처음에는 급한 대로 항생제를 써서 증상을 완화하고, 그다음에 박테리오파지가 작용하는 박테리아를 찾아나갑니다. 박테리오파지의 여러 종류를 보유한 기업으로 미국의 어댑티브 파지 테라퓨틱스(Adaptive Phage Therapeutics)가 있습니다.

7장의 핵심 포인트

∨ 약물의 환부 전달 기술이 열쇠다.

∨ RNA 스위치를 조작해 암세포처럼 원치 않는 단백질 형성을 방해하는 것이 큰 관심이다.

∨ 장내 미생물 최적화를 통한 정신질환 치료법이 대두되고 있다.

∨ 질환 발생 이전에 진단할 수 있는 디지털 솔루션에 관심이 증폭되고 있다.

∨ 인공지능을 활용한 영상 진단에 주목하라.

∨ 슈퍼바이러스 이후 슈퍼 박테리아 출현 가능성 - 유해 박테리아를 제압하는 유익한 박테리아 증식 솔루션이 기대된다.

CHAPTER 8

개미들이 알면
도움이 되는
김학주 교수의
투자 습관

주식투자에는 '신속, 정확'이라는 단어가 더 어울립니다. 많이 아는 사람의 승률이 높을 수밖에 없습니다. 많은 시행착오를 거치고, 지식을 쌓아가면 여러분도 '고수'가 될 것입니다.

하지만 복싱선수에게 중요한 것이 무엇일까요? 결정적인 기술을 구사하기 전에 기본기를 탄탄히 다지는 것입니다. 주식도 마찬가지입니다. 기초가 튼튼해야 엉뚱한 실수를 피하고 안정적인 수익률을 얻을 수 있습니다.

저는 여러분보다 투자 기간이 훨씬 깁니다. 주식을 사놓고 거의 보지 않습니다. 매수 이유가 현실화되기 전에는 팔지 않겠다는 원칙을 가지고 있기 때문입니다. 이는 나의 판단이 틀렸다면 기꺼이 손실을 감수하겠다는 각오가 있다는 뜻이기도 합니다.

보통 일반 투자자들은 단기 트레이딩을 합니다. 시장에 이미 구체화된 아이디어를 사고파는 것이지요. 하지만 투자 유형이 다르다고 해서 투자 원칙이 달라지는 것은 아닙니다. 공통적인 투자 원칙을 이야기해보겠습니다.

시장가로 사고팔라

시장에 모멘텀이 생긴 주식을 따라가는 매매가 대부분인데, 이때는 좋은 소식들이 흘러나와 사람들 사이에서 퍼져가는 과정입니다. 그 기간은 짧지요. 결국 주식투자는 먼저 사고, 먼저 파는 사람이 이기는 게임입니다. 좋은 소식의 진위를 따져보며 망설이는 것은 어리석어 보입니다. 그 진위가 드러났을 때는 이미 늦은 상태이겠지요. 특히 조금 더 싸게 사려다가, 또는 비싸게 팔려다가 기회를 잃는 것은 더 어리석어 보입니다. 소탐대실입니다. 사실 투자 기회는 아무 때나 오는 것이 아닙니다. 그 비싼 기회를 몇 푼 아끼자고 날려버릴 수는 없습니다.

홍콩의 한 펀드매니저는 시장가로만 거래합니다. 기관투자가가 시장가로 움직이면 주가를 밀어올리며 사고, 끌어내리며 파는 셈이 됩니다. 그럼에도 그는 남보다 먼저 움직이면 충분히 보상이 된다고 합니다.

"증시의 죄는 남보다 늦는 것"이라고 했습니다. 늦는 만큼 비싸게 사고, 늦는 만큼 싸게 팔아야 하기 때문입니다. 하물며 시장가격에 충격을 주지 않는 개인투자자는 별 부담 없이 시장가로 매매할 수 있습니다.

물론 부동산처럼 유동성이 부족한 거래를 시장가로 매매해서는 안 됩니다. 매수-매도 호가의 차이가 엄청나지요. 특히 우리나라에서 집을 사고팔 때는 '급매물'이라고 나오는 것이 오히려 정상적인 가격 같습니다. 따라서 유동성이 부족한 자산을 사고팔 때는 미리미리 매매 의사를 밝히고, 급매물을 기다리는 것이 바람직해 보입니다.

어차피 될 수밖에 없는 것에 주목하라

예전에 어느 선배가 이런 말을 했습니다. "다음 페이지만 이야기하라. 다음다음은 말고…." 증시는 기대를 사고파는 곳이지만 구체화된 것만 가격에 반영합니다. 우리가 보지 않고 믿는 것은 '예수 그리스도뿐'이라는 것이지요. 그래서 투자의 적시성이 중요합니다. 그런데 저는 그다음 페이지를 좋아합니다. 아직은 먼 이야기처럼 들려서 관련 주가가 곤두박질쳐 있지만 어차피 될 수밖에 없고, 또 다른 사람이 생각하는 것보다 일찍 구체화될 수 있는 이야기들을 사놓고 설레는 마음으로 기다리는 것이지요. 주가가 이미 누워 있기 때문에 기다리는 데도 부담이 없습니다.

어차피 될 수밖에 없는 모멘텀은 이미 시장에 소개되었을 것입니다. 손정의가 이끄는 소프트뱅크의 비전 펀드(Vision Fund)를 보면 시장 참여자의 기대를 모았던 테마로 채워져 있습니다. 그러나 그 가운데 아직 설익은 주식들이 소외되었고, 손정의는 체면을 구겼습니다. 소외된 이유는 기술적 완성도 미흡, 규제로 인한 걸림돌, 인프라 결여 등 다양한데, 이런 이유를 해소시킬 수 있는 전기가 마련되기도 합니다. 주가가 과거에 올랐다는 것은 투자자가 다시 관심을 가질 수 있음을 의미합니다. 주가를 누르는 요인이 해소될 기회를 남보다 먼저 보면 안전하게 돈을 벌 수 있다는 것이지요.

그 사례로 수소 관련주를 말씀드렸습니다. "어느 세월에 수소의 운송 및 저장 인프라가 깔려 상용화되겠느냐? 아직 멀었다"라는 여론 속에 주가는 소외되어 있지만 어차피 인류는 수소를 쓸 수밖에 없고, 산유국들이 그 시기를 앞당기려고 합니다. 산유국들이 석유를 버릴 수 없으므로 석유를 수소와 탄소로 쪼개서 수소는 에너지로, 탄소는 고급 소재로 쓰려는 시도가 나타나고 있습니다. 미국도 산유국이지요.

개인투자자는 투자 성과를 그날그날 확인하고 싶어 합니다. 마치 게임을 하듯 말입니다. 하지만 투자 포트폴리오 가운데 일부는 '묻어두고 기다리는 주식'도 포함해야 합니다. 길게 보면 실제 돈을 벌어주는 주식은 이런 것들이고, 여러분이 매일 치고 받는 주식은 재미를 제공할 뿐입니다. 앞서 미래에 도래할 여러 신성장 테마를 소개했습니다. 아직 소외되어 있는 것이 많습니다. 그 요인부터 공부해보세요.

무릎에 사고 어깨에 팔 수 있을까?

증시 세계의 격언에 '무릎에 사서 어깨에 팔라'는 말이 있습니다. 그런데 무릎과 어깨는 모든 상황이 종료되고 나서야 확인할 수 있습니다. 특히 단기 트레이딩에서 무릎과 어깨는 알기 어렵지요.

주가가 오른다는 것은 좋은 일이 발생했기 때문일 것입니다. 어떤 경우는 그 사실을 모를 때도 있습니다. 예를 들어 내부정보가 흘러나오는 경우도 있지요. 내부정보란 아직 공개되지 않았고, 주가에 영향을 줄 수 있는 정보를 뜻합니다. 내부정보를 흘리는 것은 범법입니다. 그럼에도 소수의 내부자를 통해 조금씩 새어나올 수 있고, 이는 주가에 나타납니다. 우리는 내부정보를 들어서도 안 되며, 주가를 통해 짐작만 할 뿐이지요. 그래서 빠르게 따라붙는 것이 중요합니다. 특히 좋은 일이 생긴 기업에는 더 좋은 일이 뒤따를 가능성이 있으므로 초기 순발력이 필요합니다.

그럼 오르던 주가가 주춤거릴 때 팔아야 할까요? 그것을 어깨로 간주해도 되겠냐는 것입니다. 혹시 제2의 도약을 위한 준비 작업일까요? 즉 주가를 끌어올리는 세력이 낮은 가격에 주식을 더 모으려는 시도라고 생각할 수도 있습니다. 그러나 일단 매도하는 것이 좋습니다. 여러분이 시장이 모르는 소식을 알고 있고, 그 소식이 주가를 두 번째 점프시킬 수 있다면 보유해도 괜찮지만 말입니다. 다시 말하지만 투자는 잃지 않는 것이 중요합니다. 잡을 고기는 많습니다. 움직이는 주식은 내일이라도 나타날 수 있습니다.

또한 하락하고 있는 개별 주식을 개인투자자들이 저점매집하는 것은 위험합니다. 무릎에 사는 행동은 하지 말라는 말입니다. 주가가 떨어지는 것은 나쁜 소식이 있기 때문이고, 더 나쁜 소식이 이어질 수 있습니다. 사실 좋은 소식은 옆 사람에게 전하고 싶지만 나쁜 소식은 감추기 때문에 나쁜 소식의 실체를 파악하는 것은 훨씬 더 어렵습니다. 더 실망스러운 소식이 이어지는 경향이 있습니다.

'떨어지는 칼날'만 잡지 않으면 될까요? 주가가 하락한 후 오랜 기간 바닥에서 횡보하는 주식을 보면 욕심이 생기곤 합니다. 그러나 주가의 반등 이유를 찾아야 하고, 그것은 주관적 판단입니다. 반면 주가가 오르는 것은 좋은 일이 발생했다는 객관적 사실이므로 빠르게 대응하면 초과이익을 얻을 수 있습니다. 주가가 누워있는 주식 가운데 어차피 될 수밖에 없는 것을 주목하라고 했는데, 그것은 구조적인 반등 요인이 있는 산업입니다. 그중에서도 주가를 누르는 요인이 해소될 가능성을 찾아야 합니다.

어떤 이는 "이제 주가가 너무 싸졌다"고 이야기합니다. 그러나 개인투자자가 적정 주가를 계산하기는 쉽지 않습니다. 워런 버핏과 같은 가치투자자는 적정 내재가치를 산정하고, "싸다, 비싸다"를 이야기합니다. 그들은 개별 종목의 20년 앞날을 내다봅니다. 철저한 분석을 하지요. 그래서 그들도 미래를 내다볼 수 있는 주식에 한해서 가치투자를 합니다. 시장의 많은 사람이 스스로를 가치투자자라고 하지만 제가 우리나라에서 만난 가치투자자는 딱 한 분밖에 없었습니다.

잃어도 되는 수업료를 지불하라

가끔 학생들이 "투자를 배우고 싶은데 좋은 책을 소개해줄 수 없겠냐?"고 묻습니다. 글쎄요, 투자를 글로만 배울 수 있을까요? 물론 도움이 될 수 있는 많은 책이 있지만 그것들을 섭렵하기에는 너무 오랜 시간이 걸리고, 흥미도 잃기 쉽습니다. '자전거를 타야만 자전거를 배울 수 있는 것'처럼 투자를 해보고, 손실도 경험해보며 투자를 배우는 방법이 가장 빠릅니다. 손실을 수업료로 생각하면 되겠지요. 그런데 수업료가 너무 비싸면 곤란하지 않습니까?

우선 수업료로 생각할 수 있는, 즉 잃어도 되는 소규모 자금을 준

비해보세요. 그리고 급등하는 주식을 아무 생각없이 따라 사보세요. 생각이 없으니 빨리 움직일 수 있겠지요. 매수 후 왜 급등하는지를 조사하세요. 반드시 이유를 찾는 과정이 필요합니다. 여러 이야기가 회자될 것이며, 그 가운데 맞고 틀리는 논리를 스스로 가려보기 바랍니다. 이 과정이 공부입니다. (비록 소액이지만) 여러분의 돈이 개입되어 있기 때문에 공부에 더 집중할 수 있을 것입니다.

어떤 주식의 급등 요인은 해당 산업이나 그 기업의 성장에 있어 가장 중요한 스토리일 것입니다. 여러분이 한번 사고팔 때마다 성장 산업의 핵심 부분을 공부하게 되는 셈이지요. 관련 기술도 접할 수 있고, 이를 더 확실하게 알기 위해 주변 기술도 조사하게 됩니다. 요즘은 챗지피티 같은 인공지능이 등장해서 리서치가 수월해졌습니다(챗지피티는 최근 발생하고 있는 사건들의 배경을 조사하는 데는 적절치 않지만 과학적 이론이나 기술 내용, 역사적인 사실에 대해서는 학습량이 많아 효과적인 리서치를 제공합니다). 특히 한번 등장한 모멘텀은 다음에 다시 반복되는 경우가 빈번하므로 여러분이 학습된 상태에서 더 편안하게 대처할 수 있습니다.

투자 규모가 소액이므로 탐욕도 덜할 것입니다. 즉 주가가 오를 때 미련 없이 쉽게 차익실현할 수도 있다는 것입니다. 그렇다면 투자손실의 폭을 줄여 수업료 부담이 덜해질 수 있습니다. 이런 사전 수업을 통해 증시에 대한 이해를 넓힌 후 본격적인 투자에 임하는 것이 바람직합니다. 얼마 되지 않는 수업료와 준비 기간이 여러분의 소중한 재산을 지켜줄 것입니다.

피할 때를 가려라

아무리 장기투자자라 하더라도 투자를 삼가는 시기가 있습니다. 주가가 구조적으로 폭락하는 시기인데요, 이럴 때는 아무리 현명한 판단을 해도 시장의 추락을 극복할 수 없습니다. 한번 증시 위기 국면으로 접어들면 주가지수가 고점 대비 반토막 났다가 2배 올라 제자리로 돌아오는 데 4년 정도 소요되는 패턴이 역사적으로 관찰되었습니다.

주가지수가 하락하는 패턴을 조정과 위기 국면으로 나눌 수 있습니다. 조정이란 증시가 과열되어 주가가 미래에 오를 부분까지 선반영되어 일정 기간 고점 대비 제한된 범위 내에서 흘러내리는 경우를 말합니다. 반면 위기는 경제가 미처 예상하지 못한, 그리고 통제하기 어려운 쇼크를 만나 공황상태에 이른 경우의 주가 폭락을 의미합니다.

고점 대비 하락폭 20%를 조정과 위기를 구분하는 임계치로도 봅니다. 기업가치는 시간이 지날수록 (자기자본이익률만큼) 증가합니다. 주가가 과열되어 있더라도 기간 조정을 거치면 (그 이상으로) 반등하게 되어 있지요. 따라서 조정 폭이 깊어질수록 저점매집 전략이 바람직합니다. 그러나 고점 대비 20% 이상 흘러내리면 주가가 회복하지 못하고, 계속 가라앉아 반토막 나는 경향이 있습니다. 위기 국면으로 접어드는 것이지요. 그 이유는 금융기관의 위기 관리를 위한

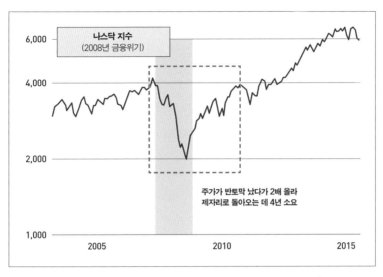

주가 폭락과 회복 기간 예시

나스닥 지수
(2008년 금융위기)

주가가 반토막 났다가 2배 올라
제자리로 돌아오는 데 4년 소요

자료: macrotrends

손절매 때문입니다.

금융기관은 자산 규모에 비해 자기자본이 매우 작습니다(금융기관은 자산을 사기 위해 대부분 고객으로부터 자금을 조달했으며, 자신들의 고유 자본 비중은 작습니다). 금융기관 자산의 대부분은 채권이고, 주식투자 비중은 낮지만 주가가 고점 대비 20% 하락할 경우 자기자본이 심하게 훼손되고 자본 잠식을 우려하게 됩니다. 이때는 위험 관리 차원에서 규정상 주식을 무조건 팝니다. 일단 금융기관이 생존해야 훗날을 도모할 수 있으니까요. 주식의 저평가 상태 및 투자 손실 폭은 고려하지 않고 주식 비중을 줄입니다. 그 과정에서 주가가 하락하면 다른 금융기관의 위험 관리 규정을 건드려 손절매를 유발합니다. 이렇게 금융기관 간 연쇄적인 손절매가 이어지며 주가 하락 압력을 가중시킵니다.

　주가가 고점 대비 20%가량 하락할 정도면 증시에 분명히 악재가 나타났을 것입니다. 그런데 그 악재의 진위 여부와 상관없이 금융기관의 손절매 행진으로 인해 주가가 소용돌이 속에 가라앉을 수 있습니다. 이런 경우 저의 대응 전략은 고점 대비 20% 하락 근방으로 가면 주식 포지션을 없앱니다(시장 위험에 대해 헤지합니다). 고점 대비 30% 하락 시까지는 아무 것도 하지 않습니다. 왜냐하면 금융기관의 손절매가 가장 심하게 나타나는 구간이기 때문입니다. 그 밑으로 하향 돌파하면 고점 대비 50%까지 하락할 수 있음을 감안하고 조금씩 분할매수에 들어갑니다. 그렇게 매수 단가를 떨어뜨리는 것이고, 이는 금융기관들의 손절매로 인한 과매도를 이용하겠다는 전략입니다(위기의 바닥은 누구도 모릅니다. 돌발적·심리적 요인이 지배하기 때문입니다).

증시 위기 국면이 빈번할까?

　10년 주기의 위기설이 있습니다. 1980년대 글로벌화 시작 이후 경기과열로 인해 1980년대 후반부터 1990년대 초반까지 이어진 거품 붕괴가 있었지요. 1987년 블랙먼데이, 1986년부터 1996년까지 지속된 미국의 저축대부조합 도산(Savings and Loan Crisis) 등 1990년대 초반 선진국들의 경기침체가 있었습니다. 당시 미국의 신용등급이 강등되기도 했지요. 그 후 2000년대 초반 IT 거품 붕괴, 2008년 서브프라임 모기지 부실까지 거의 10년 주기로 거품이 생겼다가 꺼지는 일이 반복되며 증시에 위기 국면이 조성되었습니다. 그 이후로는 돈을 풀어 경제를 안정시키고, 부실을 잠재우는 데 숙달되어 위기는 나타나지 않았습니다. 2020년 코로나 쇼크가 다른 이유로 증시를 흔들었을 뿐이지요.

지금부터 가장 신경 쓰이는 것은 지정학적 갈등입니다. 이미 설명했듯이 미국 달러 패권에 대한 도전이 거세고, 또 미래 패권은 에너지와 관련이 깊습니다. 배터리 소재를 놓고 자원민족주의가 팽배합니다. 이와 같은 이슈와 관련해 각 나라 간 갈등이 첨예해지면서 증시에 영향을 끼칠 수 있습니다. 위기 관리가 필요한 것이지요.

로테이션을 읽는 기술

기업은 이익이 쌓이는 만큼 성장하는 유기체입니다. 장기적으로 보면 주가도 자랍니다. 하지만 단기 트레이딩은 (기업 누적 이익에 별 변화가 없으므로) 제로썸(zero sum) 게임이나 마찬가지일 수 있습니다. 돈이 도는 것뿐이지요.

그 대표적인 요인으로 위험선호(risk-on), 안전선호(risk-off) 현상이 있습니다. 주가가 싸졌거나 금리가 낮고, 경제의 미래가 밝아 보일 때는 주식처럼 위험자산에 돈이 쏠립니다. 돈이 미국 밖으로 풀려 달러가 약세이고, 돈을 구하기 쉬워 미래를 이야기하는 신성장주의 기회가 부각됩니다. 또는 소재, 부품, 장비의 주가부터 민감하게 오릅니다. 수요 증가가 기대될 때 재고부터 쌓아야 하니까요. 특히 이들은 고정투자 부담이 큰 산업입니다. 위험선호 현상이 오기 전 수요가 위축되었을 때 고정비 부담으로 인해 가장 타격을 크게 받고, 주가도 폭락한 상태일 것이므로 저점매집하는 데 부담이 없습니다. 결국 위험선호 현상이 도래하는 초기 1) 신성장 기술주, 2) 소재, 부품, 장비주의 주가가 가장 탄력적으로 오릅니다.

반면 주가 및 경기가 과열된 후에는 차익실현 및 도피처가 필요합니다. 주가는 천천히 오르다가 급하게 추락하는 속성이 있습니다. 좋은 소식이 사람들 사이에 더 넓게 퍼진 후 나쁜 소식이 나타나면 그동안 매수한 모든 투자자가 알게 되기 때문입니다. 이때 필요한 것은 순발력입니다. 미련을 갖지 말고 탈출해야 합니다. 경기과열 진정을 위해 정부는 금리를 올립니다. 채권은 만기까지 보유 시 구입할 당시의 금리를 확보할 수 있으므로 높아진 금리를 수익률로 확정할 수 있습니다. 과열 후 안전자산 선호 현상이 1~2년 정도 진행될 것으로 판단되면 (주식 매도 자금으로) 그 정도의 만기를 가진 단기 채권을 구입해서 고금리를 얻으며 주가 하락 위험에서 벗어나 있는 것이지요.

주가가 하락할 때 가치가 상승하는 금융상품(쇼트 포지션)도 있습니다. 인버스(inverse) 주가지수가 시중에 소개되어 있는데요, 증시 하락 시 보유 종목의 주가 하락 분을 인버스 주가지수 상승분으로 상쇄하여 주가 하락 위험을 방어할 수 있습니다. 그런데 인버스 주

신성장 테마 관련 ETF (상품 예시)

신성장 전반	Vanguard Small-Cap Growth Index Fund; ETF
	Vanguard Growth Index Fund; ETF
신재생 & 친환경	Global X YieldCo & Renewable Energy Income ETF
	VanEck Vectors Low Carbon Energy ETF
	First Trust NASDAQ Clean Edge Green Energy Index Fund
	Invesco WilderHill Clean Energy ETF
	iShares Global Clean Energy ETF
	First Trust Global Wind Energy ETF
	ALPS Clean Energy ETF
배터리	Global X Lithium & Battery Tech ETF
빅테크 플랫폼	Mirae Asset TIGER MorningStar ExponentialTech ETFH
	Direxion Daily Technology Bull 3X Shares ETF
	Invesco QQQ Trust Series 1 (FAANG)
	Technology Select Sector SPDR Fund
반도체	Taiwan Semiconductor Manufacturing ADR Representing Five Ord Shs
	VanEck Vectors Semiconductor ETF
헬스케어 & 바이오텍	Health Care Select Sector SPDR Fund
	Global X Genomics & Biotechnology ETF
	iShares Nasdaq Biotechnology Etf
	Global X Telemedicine & Digital Health ETF
핀테크	Global X FinTech ETF
인공지능 & 로보틱스	Global X Robotics & Artificial Intelligence ETF
	First Trust Nasdaq Artificial Intelligence and Robotics ETF
	iShares Robotics and Artificial Intelligence Multisector ETF
	ARK Autonomous Technology & Robotics ETF
클라우드 컴퓨팅	Global X Cloud Computing ETF
게임 & e-스포츠	VanEck Vectors Video Gaming and eSports ETF
	Global X Video Games & Esports ETF
자율주행 & 스마트 모빌리티	KraneShares Electric Vehicles and Future Mobility Index ETF
	iShares Self-Driving EV and Tech ETF
	SPDR S&P Kensho Smart Mobility ETF
사이버 보안	iShares Cybersecurity and Tech ETF
	ETFMG Prime Cyber Security ETF
	First Trust NASDAQ Cybersecurity ETF

가지수는 자금 부담이 있지요. (쇼트 포지션의) 파생상품 가운데 빅스(VIX) 같은 것은 주가가 약간만 하락해도 상승 폭이 커집니다. 즉 시장 하락 위험을 적은 금액으로 방어할 수 있습니다.

위험선호, 안전선호 이외에 신성장 테마 사이에서도 돈이 돌 수 있습니다. 신기술의 구체화, 규제 완화 등이 모멘텀으로 작용하는데요, 신성장 테마 관련 ETF들을 나열해보고 그들의 수익률을 비교하면 돈이 어디서 빠져서 어디로 들어오는지 알 수 있을 것입니다. 가급적 초기에 따라붙어야 하고, 돈이 오는 근거들이 확실할수록 돈은 그 테마에서 오래 머물 수 있습니다. 유입된 자금이 다른 테마로 흘러나가는 것도 확인할 수 있을 것입니다(사실 이런 로테이션은 패턴을 읽는 인공지능 모델을 만들어 사용합니다).

미국 주식이 한국 주식보다 나을까?

주식도 미국과 아시아 간 주기적인 순환이 있다는 견해가 있습니다. 2000년대 초반 미국의 IT 버블 붕괴 및 중국의 WTO 가입으로 아시아 증시가 강했던 반면, 2008년 금융위기 이후로는 미국 증시가 계속 압도했습니다. 지난 14년 중 12년간 미국 증시(MSCI US index)가 미국 이외 지역 증시(MSCI World ex US index)보다 상대적으로 우월했습니다. 일각에서는 미국 증시에 거품이 심하고, 이제 아시아로 주도권이 넘어올 것이라고 주장합니다. 그러나 틀린 분석으로 보입니다.

2010년대 들어 미국 증시를 견인한 것은 빅테크를 비롯한 기술주이고, 그들은 미래의 놀라운 생산성 개선을 약속했습니다. 조그만 스타트업이 신기술을 바탕으로 유니콘으로 발돋움한 곳도 많지요. 앞으로는 인공지능 관련 신기술이 증시를 주도할 텐데 그 리더십을 쥐고 있는 곳도 미국입니다.

지난 20년간 미국의 S&P500지수는 연평균 (복리로) 8% 수익률을 기록한 반면, 영국의 FTSE100지수는 연간 3% 수익률에 불과했습니다. 그 이유는 S&P500의 경우 신성장 주식으로 지수가 계속 교체된 반면, FTSE100의 구성 종목은 20년간 거의 변함이 없었기 때문입니다. 지금처럼 세계경제가 스마트하게 바뀌어야 하는 상황에서 신기술을 주도하는 미국이 유리해 보입니다.

한국 투자자들은 삼성전자를 좋아합니다. 주식을 잘 모르는데 주식투자는 하고 싶으니 가장 안전하다고 생각하는 기업을 선택하는 것이지요. 그런데 해외에는 삼성전자보다 더 경쟁력 있는 기업이 많습니다. 군이 투자 기회를 국내로 한정할 필요가 없다는 말입니다. 선택의 폭이 좁은 가운데 투자할 경우 실패 확률은 높아집니다. 미국 주식은 매매 타이밍이 새벽이라서 실시간 대응이 안 될 수 있고, 정보 접근도 느릴 수 있지만 그래도 상관없는 주식도 있습니다. 즉 남이 모방할 수 없는 핵심 경쟁력이 있고, 수요도 안정적이라서 (약간의 주가 변동성은 있더라도) 꾸준히 우상향하는 주식들입니다. 그러니 애플이 삼성전자보다 개인투자자에게 더 믿을 수 있는 선택일 것입니다. 특히 삼성전자는 변동성이 커 단기투자를 하는 개인에게는 적합하지 않을 수 있습니다.

해외 투자 시 차익에 대해 양도세 22%가 부과되는 부담이 있습니다. 투자자는 세금에 예민합니다. 손안에 들어온 돈은 내주기 싫지요. 그러나 (해외 투자를 통해 얻는) 더 좋은 투자 기회와 수익률의 안정성은 간과하는 것 같습니다. 헤지펀드에 돈을 맡겼을 때 2%의 운용 보수와 (투자 수익이 일정 수준을 넘었을 때) 차익의 20%를 성과 보수로 주는 이유도 이 같은 혜택을 얻기 위함인데, 그에 비하면 부담이 가벼운 것 같습니다.

한편 해외 투자 시세차익에 대해서는 한 해 250만 원이 공제됩니다. 예를 들어 1년간 시세차익이 1,000만 원이면 750만 원에 대해서 과세합니다. 즉 250만 원의 22%인 55만 원이 절감됩니다. 세금공제 혜택을 매년 얻기 위해 보유 주식을 연말에 잠깐 팔았다가(= 시세차익을 확정), 연초에 다시 사는 행위는 무모합니다. (다시 채워 넣는 과정에서의) 투자 기회 손실이 55만 원을 쉽게 넘을 수 있기 때문입니다.

한편 이미 투자손실이 난 종목 가운데 당장 반등할 가능성이 없는 것은 연말에 팔아서 투자손실을 확정시킨 후 연초에 다시 사는 것은 좋습니다. 투자이익에서 (확정된) 투자손실만큼 제외해서 세금을 계산하기 때문입니다.

미국이 부도나면 달러는 강세?

한국인은 재산의 100%를 한국 원화 자산으로 갖고 있는 편입니다. 저는 재산의 반은 달러로 바꿔놓았습니다. 당분간은 인공지능을 비롯한 디지털 기술이 새로운 부가가치를 만들고, 그 핵심 기술을 미국이 주도하기 때문입니다. 그런데 미국 정부도 빚이 늘어나며 불안한 모습을 보이기도 합니다.

2011년에 이어 2023년에도 미국 정부는 부채 상한선에 몰렸습니다. 세계경제가 구조적인 저성장에 돌입했다 해도 미국은 유럽처럼 내핍으로 버틸 수 있는 나라는 아닙니다. 태생이 성장 지향적이기 때문입니다. 미국은 부의 불균형이 상대적으로 심합니다. 성장의 본능을 살리기 위해 '자유경쟁', '적자생존'에 무게를 뒀기 때문입니다. "내가 남보다 가난하지만 이전보다는 형편이 나아졌다"는 판단이 부의 불균형을 용납할 수 있는 근거인데요, 그러려면 빚을 내서라도 성장이 필요한 것이지요.

그러나 미국이 부도 의심을 받을수록 달러는 오히려 강세를 보입니다. 세계경제에 위기가 발생하면 돈은 안전자산인 달러로 몰리기 때문입니다. 2011년에도 미국 정부는 부도 직전의 상황까지 몰렸습니다. 하지만 당시에도 미국 자산이 가장 높은 수익률을 기록했습니다.

오히려 그럴수록 달러를 구하지 못할까 우려합니다. 세계적으로 수많은 기업이 달러로 자금을 조달합니다. 달러 부채 금리가 신흥시장 금리보다는 낮고, 무엇보다도 유동성이 좋습니다. 달러를 구하기 쉽다는 것이지요. 그런데 달러에 문제가 생기면 구하기 어려워질 수 있습니다. 기존 달러 빚을 갚아야 하는데 달러를 구하지 못하면 기업이 부도나는 수가 있습니다. 그래서 달러를 서둘러 찾게 되고, 그 과정에서 의외의 달러 강세가 연출됩니다.

미국의 늘어나는 빚과 저금리는 인위적인 성장을 시사합니다. 과소비이며 부실이라고 볼 수 있습니다. 그런데 저금리를 통해 (당장 영업 실적은 부진하지만) 미래의 성장을 약속하는 기업의 주가가 상승하는 모습을 보지 않습니까? 미국도 지쳤지만 늙은 세계경제에 극적인 생산성 개선을 제공할 수 있는 핵심 기술을 주도하는 나라임에는 분명합니다. 뒤집어 이야기하면 미국이 인공지능 및 디지털 분야를 서두르지 않으면 패권에 의심을 받을 수 있다는 말입니다. 그러려면 금리를 내려 관련 (기술) 스타트업을 도와야 합니다. 군사력 하나로 패권을 유지할 수는 없습니다.

가치주보다는 성장주를 공부하라

가치주와 성장주 둘 다 기회가 있지만 성장주 쪽에 더 돈이 쏠릴 것입니다. 그 배경을 좀 더 구체적으로 설명하면 우선 소비가 감소하기 때문입니다. 소비가 위축되면 당장 실적을 낼 수 있는 기회가 줄고, 여기에 의존하는 가치주는 불리해집니다. 결국 돈은 미래의 실적을 만들 수 있는 기회로 투자될 수밖에 없고, 그 결과 신성장주로 돈이 몰리는 것이지요.

소비 위축의 근본적 이유는 '불안'

구조적인 세계경제 저성장의 이유는 '과잉 저축'입니다. 소비를 주저하며 저축을 할 수밖에 없는 배경에는 불안심리가 깔려 있습니다. 무엇이 우리를 불안하게 할까요? 먼저 인구 고령화를 들 수 있습니다. 세계적으로 은퇴 인구가 늘어납니다. 더 이상 월급을 받을 수 없다는 사실도 우리를 불안하게 하지요. 늙을수록 큰병에 걸릴 확률이 높아집니다. 생필품 소비를 아껴서라도 질병에 대비할 자금을 마련합니다.

또한 정치적 갈등 속에서 불안심리가 조성됩니다. 대표적인 예가 중국인데, 2023년 7월 중국의 소비자물가는 전년비 0.3% 하락했습니다. 디플레가 구체화된 것이지요. 여기에는 미-중 갈등 속에서 중국 정부의 (민생보다) 국가안보 우선 정책이 중국인을 불안하게 만들어 소비보다 저축을 자극하는 부분도 있습니다. 중국의 SNS 등에는 "중국 정부가 대만을 2027년 침공할 계획"이라는 루머도 돌아다닙니다. 미국이 반도체 기술에 대한 중국의 접근을 봉쇄하는 가운데 중국 정부는 어쩔 수 없이 대만을 칠 수밖에 없다는 기대가 생기는 것이지요. 이런 상황에서 중국 인민은 불확실한 미래에 대비해야 하고, 그 결과 소비 대신 저축이 증가합니다. 한편 중국 정부는 부동산 시장의 부실 관련해서 일방적인 구조조정을 단행했습니다. 이런 급작스런 규제로 인해 주위 동료가 직업을 잃거나 급여가 삭감되는 모습을 보며 중국인은 더 저축에 의존할 수밖에 없습니다. 중국 정부의 '국가 안보 우선' 정책이 얼마나 인민을 더 불안하게 만들까요?

실질임금의 감소와 소비 위축

자원민족주의로 인한 갈등이 배터리 소재부터 분출됩니다. 매장량이 소수 국가에 편중되어 있는데, 세계 코발트 생산량의 70%는 콩고입니다. 니켈은 인도네시아, 필리핀, 러시아가 시장의 3분의 2를 차지하며, 그 가운데 인도네시아가 절반 이상입니다. 리튬은 호주, 칠레, 중국이 90% 이상을 차지합니다. 즉 배터리 소재 생산 지역이 석유보다 더 편중되어 있습니다. 한편 이들 소재의 대부분을 중국에서 제련합니다. 희귀금속 생산지의 정부는 (해외) 투자 기업에게 더 많은 세금과 고용을 요구합니다. 광물 추출 규칙을 다시 작성하며, 심지어 (OPEC처럼) 카르텔을 만들어서 공급을 통제하고, 가격을 높게 유지하려 합니다. 국가 간 갈등으로 인한 원자재발 비용 상승 인플레의 전형적인 모습입니다.

그런데 일본에서는 원자재 수입 가격이 상승하면 인플레가 아니라 오히려 디플레를 걱정한답니다. 노인은 가격 인상 시 쉽게 소비를 포기하므로 기업은 (비용 상승 시) 가격 인상보다는 종업원을 줄일 생각부터 하기 때문입니다. 결국 (공급 차질에서 오는) 원자재 가격 상승만큼 물가가 오르지 않고, 인건비는 물가보다도 덜 오르는 (실질임금 삭감) 상황이 연출되는 것이지요. 그 결과 소비가 더 위축되고, 저성장이 구체화될수록 사람들은 당장의 실적보다 미래에 대한 희망을 더 탐닉하게 됩니다. 그래서 가치주보다 신성장주가 유리하다고 말한 것입니다.

시장은 왜 시설투자를 좋은 소식으로 볼까?

기업이 시설을 확장하면 기업이익의 변동 폭이 커짐을 의미합니다. 즉 고정비 부담이 커지고, 그 결과 '잘되면 대박, 못 되면 쪽박'이 나는 것이지요. 그래서 경영진은 시설투자에 대해 위험이라고 생각하며, 보수적인 편입니다. 그런 경영진이 공격적인 결단을 내렸다면 긍정적인 단서가 있을 것으로 추측하는 것입니다. 시설을 충분히 가동시킬 수 있는 주문을 확보했거나, 경쟁업체를 능가할 수 있는 차별성에 근거한 자신감 등입니다.

그런데 경영진이 오판하는 일도 많습니다. 규제 환경을 잘못 파악하거나 경쟁사 분석에 오류를 범하는 경우입니다. 심지어 '근거 없는 자신감'을 가진 경영자도 있습니다. 시설을 보며 (자신의 자식처럼) 뿌듯해하는 사람도 있지요. 시설투자는 한번의 성패에 기업의 운명이 갈릴 수 있습니다. 그만큼 시설투자는 기업 생존에 영향이 큰 의사결정이고, 주식투자에서도 중요합니다. 그래서 훌륭한 경영자는 시설투자에 (즉흥적이지 않고) 몇 년을 준비해 실수를 최소화합니다.

그런 기업의 주가에는 '경영자 프리미엄'이 붙습니다.

시설투자가 성공할 확률이 높은 환경은 첫째, 수요의 성장이 빠른 초기 시장의 경우입니다. 즉 수요는 많은데 물건 공급이 원활치 않아 공급자가 협상력을 갖는 시장이라서 생산시설을 충분히 이용하는 데 문제없는 상황입니다. 둘째, 시설투자를 하는 기업이 압도적인 리더십을 갖는 경우입니다. 즉 경쟁업체에 확실한 우위를 점하거나, 고객이 의존할 수밖에 없는 기술력이 있을수록 시설 확장의 성공을 신뢰할 수 있습니다. 이런 경우가 아니면 시설투자는 일단 조심해야 합니다.

대주주는 자사주를 사는가, 파는가?

대주주를 비롯한 기업 내부의 핵심 임원들은 아직 시장에 알려지지 않은 정보까지 모두 갖고 있습니다. 시장에서 기업을 가장 정확히 판단할 수 있는 사람들입니다. 만일 그들이 자사주를 산다면 기업에 좋은 일이 있음을 시사하는 신호입니다. 특히 대주주는 기업 지배구조에 영향을 줄 수 있는 위치에 있습니다. 계열사가 여럿이라면 그 가운데 유망한 곳에 자신의 지분을 더 취득하려고 움직일 것입니다.

반면 대주주를 포함한 내부 임원이 자사주를 파는 것은 좋지 못한

징조입니다. 특히 기업의 핵심 가치를 만드는 주요 인력의 지분이 의미 있게 감소한다면 핵심 인력의 이탈 가능성도 고민해봐야 합니다.

기업이 자사주를 사는 것도 긍정적인 신호입니다. 그것도 기업을 가장 잘 아는 내부 임원의 자신감이기 때문입니다. 기업은 자사주 매입 시 그 목적을 밝힙니다. 먼저 소각용이라면 그만큼 주식 수를 줄이는 것입니다. 즉 지금은 기업가치가 저평가되었으므로 자사주를 사서 없앤 후 나중에 더 높은 가격으로 신주를 팔아 자금을 조달하겠다는 의도입니다.

한편 자사주 매입 목적이 주가의 일시적 부양일 수도 있습니다. 주가가 증시 주변 환경 악화로 인해 순간적으로 하락했을 때 자사주를 매입해 낙폭을 줄였다가 증시가 정상화되면 되팔겠다는 의도입니다. 그런데 기업이 자사주를 매입해도 주가의 하락은 거의 막지 못합니다. 증시 전체 수급에 별 영향을 주지 못하기 때문입니다. 또한 자사주 매입 의도가 내부 경영진의 자사주 저평가에 대한 확신도 아니기 때문에 좋은 신호로 해석하기에는 미흡합니다.

배당의 증액도 기업가치에 긍정적 신호로 볼 수 있습니다. 높였던 배당액을 뒤로 후퇴시키는 경우는 거의 없습니다. 즉 내부 경영진이 배당을 증액시켰다는 것은 향후 기업이 영업을 통해 주주에게 적어도 늘어난 배당액 정도는 꾸준히 줄 수 있다는 자신감의 표현입니다.

성공하는 주식과 실패하는 주식의 유형

"좋은 기업과 좋은 주식은 다르다"는 말을 많이 들어봤을 것입니다. 훌륭한 기업이지만 비싸면 나쁜 주식이고, 부실한 기업이라도 싸면 좋은 주식이겠지요.

제가 선호하는 좋은 기업의 유형은 크게 다섯 가지입니다. 첫째, 남이 모방할 수 없는 핵심 역량을 가진 기업입니다. 바로 이것이 그 기업 이익의 안정성을 확보해줄 수 있는 '핵심 경쟁력'입니다. 둘째, 수요가 안정적인 사업입니다. 생필품이나 소모품 같은 경우 소비가 꾸준하지요.

셋째, 잔존가치가 있는 기업입니다. 기초과학기술을 갖고 있다면 설령 지금의 사업이 어려워져도 그 기술을 다른 사업에 적용할 수 있습니다. 그 기업을 팔아도 핵심 기술 때문에 높은 가치를 인정받을 수 있지요. 넷째, 투자 부담이 작은 사업입니다. 매출을 한 단위 올리기 위해 많은 시설 및 R&D 투자가 소요될 경우 (고정비 부담 때문에) 판매가 저조하면 더 큰 충격에 빠집니다. 그만큼 위험이 큰 것이지요. 다섯째, 진입 장벽이 높고, 치열한 경쟁이 마무리되어 구조조정이 완료된 산업입니다. 그럴수록 피 말리는 경쟁에서 자유롭고, 불확실성도 줄겠지요.

반면 제가 싫어하는 나쁜 기업의 유형은 크게 두 가지입니다. 첫째, 가입자만 모아놓은 기업입니다. 마케팅 비용을 써서 가입자는 모았고, 될 것처럼 보이지만 가입자를 유지하기 쉽지 않은 경우입니다. 핵심 경쟁력도 없고, 잔존가치도 없습니다.

둘째, 장비 제조업입니다. 수요가 생길 때만 반짝하고, 그 후 오랜 기간 수요가 급감합니다. 초기 투자 규모가 커서 고정비 부담 및 빚도 많은 상태인데 말입니다. 그 기간을 버티지 못하고 도산할 수도 있지요. 장비 제조업은 수요 발생 초기에만 '반짝 효과'를 즐기는 것이 좋습니다.

좋은 기업이라도 비쌀 수 있습니다. 특히 방송에 자주 회자되는 등 더 이상 새로울 것이 없는 경우 버려야 합니다. 투자는 남과 나눌 수 없는 것이니까요. 시장 참여자의 탐욕과 공포에 의해 주가가 고평가 또는 저평가되는 것은 여러분이 체감할 수 있을 것입니다. 그런데 좋은 일은 주로 좋은 기업에서 나타나는 경향이 있습니다. 성공적인 투자 성과를 얻으려면 좋은 기업의 속성을 가진 주식들을 관찰해야 한다는 말입니다.

특히 투자의 성패를 좌우하는 순간은 주가가 급락했다가 반등할 때입니다. 돌이켜보면 대부분의 돈을 이때 번다고 해도 과언이 아닐 정도입니다. 사실 나쁜 일이 있으니까 과매도가 되었겠지요. 그 후 주가 복원력이 중요한데 좋은 기업의 속성을 가진 기업일수록 더 신뢰성 있게 정상을 찾아 돌아옵니다.

끝으로, 돈은 돈일 뿐입니다. 술, 담배, 도박 관련 회사처럼 윤리적으로 나쁜 사업을 하는 기업은 주가가 저평가되는 경향도 있습니다. 왜냐하면 사회책임(SRI) 펀드에서 이런 주식은 제외시키기 때문이지요. 그러나 이들 기업이 주는 중독성 있는 서비스가 놀라운 수요와 이익의 안정성을 제공하고, 결국 주가도 반등합니다. 윤리적으로 이런 기업에 투자하지 않겠다는 의지는 개인적 소신에 달렸습니다. 저는 개인적으로 이런 기업에 대한 투자를 삼갑니다.

증시는 모두 상대적

증시는 기대를 사고파는 곳입니다. 아무리 최근에 발생한 일이라도 객관적 부분은 모두 주가에 반영되었기 때문입니다. 그런데 좋은 일이 발생한 기업에 더 좋은 일이 이어지고, 나쁜 일이 발생한 기업에 더 나쁜 일이 나타나는 경향이 있기 때문에 우리는 기업의 과거를 공부합니다.

좋은 이벤트가 생겼을 때 수혜를 받는 기업은 여럿일 수 있습니다만 그 수혜의 대부분은 1등이 가져갑니다. 예를 들어 코로나 바이러스가 진정되어 중국인의 해외여행이 재개되고, 고급 사치재 판매가 늘어날 경우 넘버원인 LVMH로 매수세가 집중됩니다. 구찌(Gucci)를 비롯한 다른 고급 브랜드도 수혜가 있지만 LVMH로 매수세가 쏠립니다. 심지어 LVMH로 올라타기 위해 다른 고급 브랜드들을 파는 경우도 흔합니다. 증시에서는 2등도 매도의 대상이 될 수 있습니다. 전쟁터와 비슷하죠. 만일 LVMH가 너무 비싸지면 주가가 비교적 덜 오른 다른 브랜드로 매수세가 분산되는 상황도 생각해볼 수 있지만 저는 그런 경우를 거의 본 적이 없습니다. 그냥 넘버원의 잔치로 끝나는 경우가 대부분입니다.

비슷한 맥락에서 좋은 이벤트의 수혜를 100% 받는 순수 수혜주 쪽으로 돈은 쏠립니다. 예를 들어 반도체나 디스플레이의 섬세한 가공을 위해 레이저 수요가 늘어날 경우 레이저 전문 업체에 돈이 쏠릴 뿐 레이저 사업을 부분적으로 하는 글로벌 기업의 주가는 미동도 하지 않습니다.

기관투자가를 따라 할까, 따로 할까?

개인투자자 입장에서 투자 종목 선택이 쉽지 않아 전문투자자가 사고파는 것을 참고할 때가 많습니다. 그들을 맹목적으로 따라 하는 것은 옳지 않겠지요. 예를 들어 종목별 외국인 투자자 비중을 보더라도 단지 지금의 비중 자체보다는 그 변화를 참고해야 합니다(외국인 투자자는 국내 기관투자자보다 스마트하다고 판단되며, 또 규모가 큰 매매를 집중시키므로 영향력이 큽니다).

먼저 참고할 만한 전문투자자를 찾으세요. 가령 장기투자를 원할 경우 워런 버핏은 어떤 종목을 갖고 있는지, 또 그가 무엇을 사고 팔았는지 분기말마다 공개됩니다(Warren Buffett Tracker). 물론 사후적

iShares U.S. Technology ETF 보유 종목 (2023년 9월 28일 기준)

티커	보유 종목	섹터	자산군	시장가치	비중
AAPL	APPLE INC	Information Technology	Equity	USD 1,919,356,477	17.94
MSFT	MICROSOFT CORP	Information Technology	Equity	USD 1,767,211,794	16.51
GOOGL	ALPHABET INC CLASS A	Communication	Equity	USD 615,710,936	5.75
GOOG	ALPHABET INC CLASS C	Communication	Equity	USD 530,222,442	4.95
NVDA	NVIDIA CORP	Information Technology	Equity	USD 466,684,894	4.36
META	META PLATFORMS INC CLASS A	Communication	Equity	USD 410,477,919	3.84
AVGO	BROADCOM INC	Information Technology	Equity	USD 317,057,728	2.96
ADBE	ADOBE INC	Information Technology	Equity	USD 278,777,689	2.61
CRM	SALESFORCE INC	Information Technology	Equity	USD 243,247,266	2.27
AMD	ADVANCED MICRO DEVICES INC	Information Technology	Equity	USD 208,316,202	1.95

자료: ishares.com

으로 공개되지만 그의 포트폴리오가 자주 또는 급격하게 바뀌지 않으므로 참고할 만합니다. 버핏이 보유한 종목 가운데 자신이 이해할 수 있는 것들로 압축하고, 또 그 가운데 더 오른 것을 부분적으로 차익실현해 덜 오른 종목으로 채우면(저점매수) 버핏보다 더 훌륭한 성과를 얻을 수도 있습니다. 버핏은 (여러분처럼) 단기 트레이딩을 할 수 없기 때문입니다.

ETF(Exchange Traded Fund)의 경우 테마별로 나뉘어 있습니다. 블랙록(BlackRock, iShares)을 비롯해서 많은 기업이 ETF를 출시했는데,

(성장) 테마별로 확인할 수 있습니다. 관심 있는 테마 ETF를 찾아 들어가면 그 구성 종목과 비중이 열거되어 있습니다. 그러므로 (비중이 높은) 핵심 종목을 참고할 수도 있습니다. 인공지능 관련 ETF를 구글에서 검색하면 iShares U.S. Technology ETF(코드 IYW)가 가장 먼저 뜹니다. 그 안의 보유 종목을 보면 중요한 종목별로 비중을 볼 수 있습니다.

개인투자자마다 어떤 분야에서는 기관투자자들과 싸울 수 있는 지적 능력이 있습니다. 그때는 기관투자자보다 빠르게 움직일 수 있습니다. 즉 기관과 반대로 갈 수도 있지요. 기관투자자들은 투자 규모가 크기 때문에 순발력이 떨어집니다. 즉 살 때 가격을 올리면서 사야 하고, 팔 때 가격을 끌어내리며 팔아야 합니다. 따라서 개인투자자인 여러분이 기관을 끌고 다닐 수도 있습니다.

헤지펀드의 전략을 흉내 낼 수 있을까?

헤지(hedge)라는 말을 많이 들어봤을 것입니다. 그럼에도 그 개념을 정확히 모르는 분이 많습니다. 주식을 사서 갖고 있는 경우 주가가 오르면 좋고, 내리면 나쁩니다. 이것을 정상 포지션이라고 해보지요. 그 반대 포지션도 있습니다. 즉 주가가 내려야 돈을 벌고, 오르면 손실을 보는 경우입니다.

대표적인 예가 주식을 빌리는 경우입니다. 삼성전자 주가가 지금은 7만 원인데 반도체 시황 악화로 인해 연말까지 주가가 하락할 것으로 예상된다면 여러분은 증권사에서 삼성전자 1주를 (연말까지) 빌려 당장 시장에 팔 수 있습니다. 그러면 7만 원을 손에 넣겠지요. 연말에 예상대로 삼성전자 주가가 하락해 5만 원이 된다면 여러분은 시장에서 삼성전자 1주를 5만 원에 사서 증권사에 갚으면 됩니다. 그러면 2만 원 이득이 생깁니다. 반대로 연말에 삼성전자 주가가 9만 원으로 올랐다면 여러분은 비싼 가격으로 사서 갚아야 하므로 2만 원 손실을 봅니다. 이렇게 주가가 내려야 돈을 버는 대주(貸株, hort position)를 한국에서 개인투자자가 하기는 어렵지만 그 개념은 알 필요가 있습니다.

여러분 생각에 경제가 디지털화되는 과정에서 반도체 수요가 늘어나고, 적어도 반도체 주가 수익률이 시장의 주가지수 수익률을 상회할 것으로 예상된다고 가정해봅시다. 반도체 주식을 (1억 원어치) 사고 싶지만 지정학적 갈등으로 인해 증시 전체가 불안하다면 주가지수 반대 포지션도 (1억 원어치) 취합니다.

만일 전쟁으로 인해 주가지수가 2% 하락했는데 반도체 주식은 수요 성장 기대 때문에 1%만 하락했다면 여러분의 수익률은 1%p가 됩니다. 반도체 투자에서 1% 손실을 봤지만 주가지수 반대 포지션은 가격 하락 시 이익이 생기므로 2% 차익이 생겼기 때문입니다 (-1%+2%=1%p). 반면 갈등하던 국가들이 갑자기 타협하며 안도감이 조성되고, 주가지수가 1% 올랐는데 반도체 주식은 좋은 소식 때문에 2%가 올랐다면 1%p의 차익을 얻게 됩니다. 반도체 주식에서의 투자이익 2%와 주가가 오를 경우 손실을 보는 주가지수 반대 포지션에서 1%의 차손을 입었기 때문입니다(2%-1%=1%p).

이처럼 동일한 금액을 정상, 그리고 반대 포지션에 걸어놓을 경우 시장이 어떻게 움직이든 상관없이 반도체 주가 수익률이 주가지수 수익률을 상회하는 만큼 안정적으로 돈을 벌 수 있습니다.

여러분이 주식을 매수한다면 적어도 주가지수보다는 더 오를 종목을 고를 것입니다. 혹시 증시가 불안하면 주가지수 관련 반대 포지션을 붙여 시장 하락 위험을 방어하고, 시장의 불확실성이 사라지면 주가지수 관련 반대 포지션을 떼어내서 주가 상승분을 모두 누리면 됩니다. 개별 종목의 반대 포지션은 취하기 어렵지만 주가지수 반대 포지션 관련 상품은 많습니다.

헤지펀드는 이런 전략을 이용합니다. 반도체가 시장 수익률을 지속적으로 이길 것이라는 판단이 안전하고 확실하다면 반도체 주식 매수, 그리고 주가지수 반대 포지션을 동일하게 잡아 시장이 어느 방향으로 움직이든 반도체가 시장을 이기는 초과이익 부분만 안전하게 얻습니다. 그런데 초과이익이 조금밖에 안 되지요. 그래서 돈을 빌려 그런 거래를 증폭시킵니다.

혹시 (수수료가 비싼) 헤지펀드에 가입하지 않고도 이런 투자 원칙을 반영한 금융상품에 투자할 수 있을까요? 예를 들어 뉴욕에 상장되어 있는 반도체 3배 주식(코드명 SOXL)의 구조를 보면 반도체 관련 다양한 분야의 주식에 분산투자합니다. 개별 종목보다 투자수익률이 안정적입니다. 반도체 산업이 좋아도 잘못된 종목 선택으로 인한 실패를 제거할 수 있는 것이지요. 이런 수익률을 3배로 증폭시킵니다. 분산투자된 반도체 주식 수익률 변동 폭이 3배만큼 움직이는 것이지요. 만일 반도체 (단기) 시황 개선, 또는 구조적 (장기) 수요 개선에 확실한 믿음이 있다면 그 효과를 헤지펀드처럼 증폭시킨 상품입니다. 물론 이 상품은 (반대 포지션을 통한) 완벽한 시장 위험 방어 대신 분산투자를 사용했습니다. 즉 상대적으로 안전한 아이디어를 증폭시킨 것이지요.

주택은 꼭 사야 할까?

어떤 분은 "주택을 사는 대신에 전월세를 살고, 남는 돈으로 주식투자를 하면 훨씬 더 일찍 부자가 될 수 있지 않을까?"라고 생각합니다. 그러나 생계비의 가장 큰 부분인 거주비를 변동의 위험에 노출시키는 것은 무모합니다. 물가상승 위험을 가장 잘 방어할 수 있는 수단은 주택입니다. 1가구 1주택 보유는 필요합니다. 더 중요한 사실은 주택투자 수익률이 주식투자 수익률에 별로 뒤지지 않는다는 것입니다. 지금 수준의 정부 규제라면 1가구 다주택의 투기도 해볼 만한 매력이 있어 보일 정도입니다.

가끔 정부에 따라 토지공개념을 이야기하며, 주택 투기 근절 방침을 시사합니다. 정부의 단속 수단은 주택 보유 세금입니다. 주택 보유자에게 매년 부과되는 재산세와 종합부동산 세금인데요(동일 주택에 대한 이중과세를 방지하기 위해 둘 중 높은 것을 내면 됩니다. 일반적으로 종합부동산세가 더 크지요), 솜 방망이에 불과합니다. 강남 서초구 40평 아파트를 30억 원에 (두 번째 주택으로) 구입해 보유할 경우 연간 유지 관리 비용은 종부세 480만 원(시가의 0.16%), 건물의 감가상각비용 8,000만 원(시가의 2.67%)입니다(건물의 가치는 보험사가 산정하는 주택의 재건축 비용인 시가의 80%를 적용했고, 건물 사용 기간 30년을 가정했습니다). 1년 유지 비용은 주택 시장가격의 2.83% 정도입니다.

그런데 주택 유지 비용은 주택가격 상승률로 상쇄됩니다. (데이터가 풍부한) 미국의 지난 30년(1992~2022)의 주택가격 상승률은 연 평균 5.4%였습니다. 여기서 같은 기간 인플레, 연평균 2.5%를 제외하면 주택의 역사적 실질 투자수익률은 연 2.9%입니다. 우리나라는 좀 다를 수 있지만 길게 보면 주택 유지 비용이 주택가격 상승률로 만회될 수 있음을 알 수 있습니다.

한편 주택은 월세 수입을 얻을 수 있습니다. (월세가 보편화되어 있는) 미국의 경우 (2023년 8월 기준) 전국 집값의 중간 가격은 41만 200달러이며, 월세 중간값은 2,029달러(연환산 2만 4,348달러)입니다.

즉 투자수익률이 연 5.9%(= 24,348 / 410,200)되는 셈이지요. 이런 주택투자수익률은 (1992년 초부터 2022년 말까지) 미국 주가지수인 S&P 500의 연평균 수익률인 7.7%보다 조금 낮지만 주식보다 가격 변동성이 낮아 안정적인 투자 수단입니다.

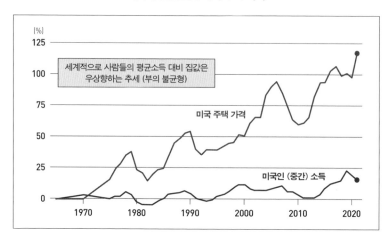

미국의 연간 소득 대비 주택 가격

[%]

세계적으로 사람들의 평균소득 대비 집값은
우상향하는 추세 (부의 불균형)

미국 주택 가격

미국인 (중간) 소득

자료: CNBC/ 2021.8.30

　단, 우리나라의 경우 1가구 다주택 보유 시 양도세가 치명적인 수준으로 높아졌습니다. 사실상 다주택 보유를 어렵게 만들어놓은 것이지요. 정권이 바뀌면서 여기에 변화가 있을지는 지켜봐야 합니다. 당장은 미국의 주택용 부동산 펀드를 통해 주택투자 포지션을 확대할 수 있습니다.

　또 다른 관건은 지금의 주택 가격에 거품이 있냐는 것이지요. 미국의 경우 주택 가격은 역사적으로 평균 소득 대비 5배 근방에서 움직였는데요, 2008년 서브프라임 모기지 부실 등 주택 가격 거품이 터졌을 때 6.8배까지 올랐었습니다. 지금(2023년 8월 현재)은 7.7배 수준입니다. 거품처럼 보입니다. 그런데 집값은 금리와 (보유세 등) 정부의 규제 함수입니다.

먼저 우리는 구조적 저금리 시대에 살고 있습니다. 코로나발 인플레로 인해 돌발적으로 금리가 급등했을 뿐 다시 저금리의 시대로 돌아갈 것입니다. 금리가 낮다는 것은 돈이 투자될 기회가 부족하다는 의미입니다. 즉 성장의 기회가 많지 않습니다. 이런 상황에서 주택의 안정적인 수요는 분명히 투자에 매력적인 부분입니다. 특히 은퇴한 사람이 늘어나며 집에 거주하는 시간이 길어집니다. 좀 더 좋은 집에 살고 싶은 욕구도 생기지요. 심지어 재택근무가 늘어나며 사무실의 기능이 집으로 옮겨옵니다. 집에 더 많은 돈을 투자할 수 있는 이유가 늘어가는 것이지요.

집값이 상승해 거주비 부담이 증가하면 정부 입장에서 불편할 것입니다. 그런데 왜 보유세를 부담스러운 수준까지 올리지 못할까요? 토지공개념을 외치는 정권에서조차도 쉽게 단행하지 못합니다. 세금은 표에 직결되기 때문입니다. 심지어 가난한 사람들조차 세금 인상은 달갑지 않습니다. 설령 부자들의 주머니에서 돈이 훨씬 많이 나가더라도 내 주머니 안에 들어온 돈을 꺼내는 것은 불쾌한 것이지요.

부의 불균형 심화는 주택 가격 양극화를 자극합니다. 부자들은 강남의 집을 좋아할 수밖에 없습니다. 그들은 돈을 더 버는 것에도 관심이 있지만 부를 지키는 것이 훨씬 더 중요합니다. 주택은 그럴 수 있는 자산이지요. 강남에 주택 공급을 확대하는 것은 주택 가격을 억제하는 데 좋은 선택이 아닐 것입니다. 압구정 현대아파트 같은 대규모 단지가 재개발될 경우 엄청난 자금이 소요될 텐데 과연 소화될 수 있을지 의심하는 분들이 있습니다. 그러나 그동안 두터워진 부유층을 감안할 때 소화되고도 남을 것 같습니다. 만일 정부가 주택 보유세를 인상하면 부자들은 오히려 집값을 끌어올릴 명분으로 생각할 정도입니다.

집값 거품이 꺼질 수 있는 시나리오는 두 가지입니다. 첫째, 초고속 통신 인프라를 기반으로 한 원격 솔루션이 충분히 보급되어 지방에서도 강남의 대학 병원에 편하게 접근해 의료서비스를 받을 수 있다면 굳이 강남까지 들어올 필요가 없어질 것입니다. 둘째, 디지털 기반의 신경제로 충분히 이동해 돈이 투자될 수 있는 많은 성장 기회가 나타난다면 돈은 심심한 부동산을 떠날 것입니다. 이 두 가지가 충족되기 전까지 주택투자는 실망스럽지 않은 수익률을 제공할 것입니다.

주식연계증권은 살 만한가?

주식연계증권(ELS: Equity Linked Securities)은 가격 하락 위험은 제한해놓고, 시중 채권보다 높고 안정적인 수익률을 추구하는 금융상품입니다. 중위험 중수익을 위한 대표 상품처럼 시중에서 팔리고 있습니다.

주식연계증권의 구조를 보면 옵션을 팔아 얻은 프리미엄을 수익률에 보태는 형태입니다. 좀 더 쉽게 설명하면 누군가 복권을 사는데 그 복권 가격을 받되, 복권이 당첨되면 보상금을 지급하는 구조입니다. 복권이 당첨될 확률은 희박하므로 복권 가격을 안전하게 받아 투자수익률을 올릴 수 있겠지만 만일 복권이 당첨되는 예외적인 상황이 발생할 경우 큰 손실을 입습니다. 복권 당첨 확률이 낮을수록(= 안전할수록) 복권 가격이 싸고(= 수익률이 낮고), 그 반대의 구조로도 주식연계증권을 설계할 수 있습니다.

예를 하나 들어보겠습니다. 주식 A의 현재 가격은 10,000원입니다. 그런데 (향후 6개월 동안) 주가가 8,000원 밑으로 내려가면 8,000원을 하회하는 금액을 물어주는 계약을 하는 대신 보상으로 1,000원을 받습니다. 만일 주가가 8,000원 밑으로 내려오지 않는다면 1,000원만 얻고 게임을 끝냅니다. 그런데 주가가 6,000원으로 하락했다면 (2,000원 물어줘야 하므로) 손실을 보겠지요. 이때 (물어주는 대신) 이런 거래를 한 번 더 합니다. 만일 주가가 (그 후 6개월간) 5,000원 밑으로 내려가면 5,000원을 하회하는 금액을 물어주는 대신 1,000원의 보상금을 받습니다. 이렇게 연속적인 계약으로 손실의 가능성을 줄여가는 구조입니다. 하지만 끝내 주가가 보호되지 않는 영역으로 하락할 경우 큰 손실을 봅니다(이런 구조는 풋옵션 매도 또는 주식과 채권 간 비중 조절로 얼마든지 설계할 수 있습니다).

결국 주가의 변동성이 크지 않은 상황이라면 복권이 당첨될 확률이 낮으므로 '공짜 점심'을 편안하게 즐길 수 있지만 증시가 언제 성난 파도처럼 출렁일지 알 수 없습니다. 증시의 변동성을 역사적으로 관찰해보면 우리들의 생각보다 훨씬 컸습니다. 그러니까 복권을 사는 사람도 계속 존재하는 것이고, 그런 상품도 유지되는 것이겠지요.

주식연계증권 가운데 극단적 위험 조항이 있는 경우는 추천하고 싶지 않습니다. 중위험 중수익을 원하면 차라리 인프라 펀드가 낫습니다. 도로, 항만, 교량, 통신망, 전력망 등 사회간접시설 투자에 여러분이 참여하고, 그 기간시설 이용료를 받는 펀드입니다. 인프라 펀드는 채권처럼 확정 이자를 주는 것은 아니지만 길게 보면 수요가 안정적인 것만큼 수익률도 상대적으로 높고, 믿을 만합니다. 이익을 (기업처럼) 유보할 필요가 없으므로 수입액의 대부분을 배당합니다. 따라서 배당수익률을 보면 연 4~6%를 안정적으로 내는 인프라 펀드가 많습니다. 특히 사회간접시설 건축에 민간의 참여를 유도하기 위해 정부가 세제 혜택도 제공합니다.

유동성의 가치를 과소평가하지 말라

누구나 높은 수익률을 원합니다. 그러려면 (주식처럼) 이익의 변동성이 심한 위험자산이나 장기투자가 필요한 자산을 선택해야 합니다. 반면 갑자기 돈이 필요한 경우도 있으니 개인 형편에 따라 이런 상황에 대비할 수 있는 유동성을 준비할 것입니다. 유동성을 통해 투자 기회에 대비할 수 있고, 급전을 끌어 써야 하는 비용 부담을 줄일 수도 있는데 개인투자자는 유동성의 효과를 간과하는 경향이 있습니다. 문제는 언제든지 (가격을 깎지 않고) 쉽게 팔 수 있을 만큼 유동성이 좋거나, 단기투자 상품이거나, 가격변동 폭이 작아 아무 때나 팔아도 별 손실이 없는 금융상품의 경우 수익률이 낮다는 것입니다.

수익률이 안정적인 것은 예금이나 적금입니다. 그러나 장기 예금이나 저축성 보험 등 장기 적금은 어리석은 선택 같습니다. 만기 수익률도 높지 않은데 중도 해지 시 심한 비용을 지불해야 하니까요. 예금, 적금처럼 수익률이 안정적인 상품은 채권입니다. 거래소에 상장된 채권이나 채권펀드의 경우 개인이 편하게 사고 팔 수 있는 충분한 유동성을 제공합니다. 그런데 장기채권의 경우 시중금리에 따라 가격 변동성이 클 수 있습니다. 따라서 유동성을 위해서는 단기채권이 적합합니다. 특히 채권은 만기까지 보유하면 구입 시 수익률을 확보할 수 있으므로 단기채권은 수월하게 수익률을 확정할 수 있습니다.

단, 단기채권은 수익률이 낮으므로 이를 개선하기 위해서는 (만기가 얼마 남지 않은) 단기채권 가운데 신용등급이 떨어지는 (신용 스프레드가 붙어있는) 고금리 채권을 선택할 수 있습니다. 단기간 내 기업의 신용에 문제가 발생할 확률은 거의 없습니다. 특히 고금리 채권펀드에 가입하면 여러 기업의 채권을 섞기 때문에 기업 부도 위험을 최소화할 수 있습니다.

8장의 핵심 포인트

∨ 투자 판단이 서면 시장가로 매매하라.

∨ 어차피 될 수밖에 없는 산업이지만 아직은 소외되어 바닥을 기는 주식

  을 관찰하라. 당신을 부자로 만들어줄 수 있다.

∨ 어깨에 팔아라. 무릎은 믿지 마라.

∨ 성공하는 유형의 기업은 주가 복원력도 강하다. 그 유형을 기억하라.

∨ 개인도 헤지펀드를 흉내 내어 안전한 투자수익률을 만들 수 있다.

∨ 2등도 매도의 대상이 될 수 있다.

∨ 주택가격 양극화는 심화될 것이다. 강남으로 오라.

∨ 주식연계증권을 조심하라.

∨ 장기 성장하는 주식이 많은 미국에 투자해야 성공 확률이 높다.

스스로 공부하는 사람이 기회를 잡습니다

미국은 2000년대 들어 금리를 내리고, 시중에 자금을 푸는 행동을 반복했습니다. 그 부작용으로 주식을 비롯한 금융 상품과 부동산 가격에 거품이 생기고, 부의 불균형이 심화된 것도 사실입니다. 일각에서는 저금리는 잘못된 것이며, 정상화되어야 한다고 주장합니다. 반면 저금리 덕분에 신기술 스타트업이 쉽게 자금을 조달하여 유니콘으로 성장하고, 이 과정에서 고용이 늘어나는 등 경제에 활력을 줍니다. 늙어버린 제조업 기반의 기존 경제를 좀 더 효율적인 디지털 신경제로 바꾸기 위해서는 어린 스타트업이 자랄 수 있는 환경을 만들어주어야 하며, 이를 위해 저금리는 필수적입니다.

여러분은 문제해결을 위해 어떤 방법이 옳다고 생각하십니까? 저는 저금리가 맞다고 봅니다. 금리를 올려 부자들의 자산 가격을 끌어내릴 수도 있지만, 그렇다고 가난한 사람에게 그 자산을 살 수 있는 돈이 생기는 것은 아닙니다. 오히려 가난한 사람이 더 견디기 어렵지요. 젊은이들이 시중에서 돈을 쉽게 구해 새로운 부가가치를 만들고, 늙은 부자들이 그 가치를 인정해 비싸게 사줄 때 부의 불균형이 근본적으로 해소될 것입니다.

특히 미래를 지배할 수 있는 신기술을 만드는 일을 미국이 잘합니다. 미국은 패권을 유지하기 위해 이런 게임을 할 것으로 판단됩니다. 그러려면 저금리가 필요합니다. 비록 갈등의 초기인 현재 미국 패권에 도전하는 세력들을 제압하기 위해 금리 인상, 군사력 사용 가능성 등 긴장감을 조성하고 있지만 말입니다.

바야흐로 세계는 협력에서 갈등의 시대로 돌입했습니다. 어느 때보다 불확실성이 많아집니다. 그러면 사람들은 미래를 대비하기 위해 소비를 줄이고 저축을 늘립니다. 가뜩이나 은퇴 인구가 증가하며 과잉 저축이 심화되는데 설상가상입니다. 소비가 위축되는 환경에서 당장의 기업 실적에 의존하는 가치주는 불리합니다. 결국 사람들은 미래의 이익을 이야기할 수밖에 없고, 그 희망을 이야기하는 신성장주로 관심은 몰리게 되어 있습니다.

또한 갈등으로 야기되는 원자재 가격 상승 등 불확실성을 견디지 못하고 도태되는 기업이 늘어날 것입니다. 즉 적자생존의 시대로 접어들며 선두권 업체로 집중되는 현상이 가속화될 전망입니다. 기업도 '부익부 빈익빈'이 심화되는 것이지요. 따라서 투자에 있어서도 가급적 넘버원(No.1) 브랜드로 범위를 좁힐 필요가 있습니다.

저금리, 과잉 저축, 그리고 갈등으로 인한 불확실성 모두 신기술 신성장주로 돈이 쏠릴 수 있는 환경입니다. 이 책에서는 미래에 부각될 신기술과 관련 주식을 소개했습니다. 이는 단지 여러분의 주식 공부를 위한 기초입니다. 여기에 스스로 학습한 내용을 더해갈 때 다른 사람이 보지 못하는 투자 기회가 보이기 시작할 것입니다. 다시 말하지만 '투자는 남과 나눌 수 없는 것'입니다. 저는 여러분께 투자의 초석을 놓아드린 것에 불과합니다.

젊은이들은 투자를 위해 공부한 신기술 신성장 사업에 자신의 인생을 투자할 수도 있겠지요. 직업 선택에도 신성장주 투자가 도움이 될 수 있습니다. 이렇게 돈과 인재가 신기술 기업으로 투입되어 디지털 신경제 성장이 본격화되면 그 기업이 당장 투자해야 하는 많은 사업 기회가 나타날 것입니다. 돈이 일할 수 있는 새로운 곳이 늘어나고, 비로소 돈이 금융자산 및 부동산 시장을 떠날 수 있게 될 것입니다. 그 결과 가격 거품도 사라질 것이고요. 우리는 지금 그 과도기에 있습니다.

'염블리' 염승환과 함께라면 주식이 쉽고 재미있다

주린이가 가장 알고 싶은 최다질문 TOP 77

염승환 지음 | 값 18,000원

유튜브 방송 〈삼프로 TV〉에 출연해 주식시황과 투자정보를 친절하고 성실하게 전달하며 많은 주린이들에게 사랑을 받은 저자의 첫 단독 저서다. 20여 년간 주식시장에 있으면서 경험한 것을 바탕으로 주식투자자가 꼭 알아야 할 지식들만 알차게 담았다. 독자들에게 실질적으로 도움이 되고자 성실하고 정직하게 쓴 이 책을 통해 모든 주린이들은 수익률의 역사를 새로 쓰게 될 것이다.

주식 왕초보가 꼭 알아야 할 기본

주린이도 술술 읽는 친절한 주식책

최정희·이슬기 지음 | 값 15,000원

지금은 주식투자를 반드시 해야만 하는 시대다. 많은 사람들에게 주식투자는 필수가 되었다. 다들 주식을 한다기에 덩달아 시작했는데 정작 주식을 잘 모르는 당신! 이 책을 통해 주식과 채권과 펀드는 어떻게 다른 건지, 주식거래는 어떻게 해야 하는 건지, 돈 되는 좋은 종목은 어떻게 찾아야 하는지, 경제와 주식은 어떤 관계를 가지고 있는지, 차트를 어떻게 보고 활용해야 하는지, 현재 돈이 몰리는 섹터는 어디인지 등 그간의 궁금증을 모두 풀어보자.

미국주식 왕초보가 꼭 알아야 할 기본

주린이도 술술 읽는 친절한 미국주식책

최정희·이슬기 지음 | 값 18,000원

이 책은 주식투자의 새로운 길을 열어주는 미국주식투자 입문서이다. 미국주식을 왜 해야 하는지, 어떻게 하는 것인지, 미국주식투자할 때 반드시 알아야 하는 것은 무엇인지 등 미국주식투자의 기본 중의 기본, 핵심만을 샅샅이 모아 초보자들의 눈높이에 맞춰 친절하게 설명했다. 마지막 장에는 국내주식, 미국주식 투자자들이 꼭 알아야 할 주식용어를 실었다. 이 책을 통해 더 넓은 미국주식투자의 세상을 항해해보자.

재무제표도 모르고 주식투자할 뻔했다

재무제표를 알면 오르는 주식이 보인다

양대천 지음 | 값 18,500원

많은 주식투자자들이 주식투자의 수익률을 높이는 데 재무제표를 어떻게 활용해야 하는지에 대해서 잘 알지 못했다. 그러나 성공적인 주식투자를 위해서는 재무제표를 제대로 볼 줄 알아야 한다. 저자는 현장에서의 오랜 경험을 바탕으로 실전경험과 이론을 접목시킬 수 있는 몇 안 되는 전문가다. 저자가 제시하는 재무제표 병법(兵法)을 통해 실적을 꿰뚫어보는 안목이 생긴다면 분명 오르는 주식이 보일 것이다.

주식투자에 꼭 필요한 재무제표만 담았다

주식 초보자가 가장 알고 싶은 재무제표 최다질문 TOP 52

양대천 지음 | 값 18,000원

주식투자자들이 필요로 하는 웬만한 자료는 재무제표에 다 들어 있다. 이 책은 복잡한 재무제표에서 오직 주가와 관련된 중요 항목들을 읽는 요령만 알차게 담았다. 회계에 대한 기초지식이 전혀 없어도 쉽게 이해할 수 있도록 초보자 눈높이에 맞춰 설명하며, 재무제표에 관한 여러 가지 궁금증들에 대해 명쾌하게 답한다. 이 책을 통해 재무제표의 기초 지식을 갈고닦아 자신만의 중심을 잡고 투자하는 현명한 투자자로 거듭나보자.

ETF 투자자라면 꼭 알아야 할 핵심만 담았다!

ETF 초보자가 가장 알고 싶은 최다질문 TOP 56

나수지 지음 | 값 18,000원

주식투자를 처음 시작하는 사람들에게 ETF란 낯선 단어다. 하지만 개인투자자에게 ETF는 무엇보다 주식투자를 쉽게 만들어주는 도구다. 이 책은 주식 초보투자자가 알아야 할 ETF의 정의부터 기본 운용 원리, 활용법, 종류, 투자 노하우 등에 대해 명쾌하고 친절하게 답하는 'ETF 교과서'이다. 길잡이 같은 이 책을 통해 기초 지식을 쌓아가다 보면 높은 수익률을 낼 수 있을 것이다.

이 책 한 권이면 주식시장 완전 정복!

주식 초보자를 위한 재미있는 주식어휘사전

황족 지음 | 값 17,000원

이 책의 저자인 황족은 국내 최대 규모의 주식커뮤니티 〈거북이 투자법〉에서 진정성 있는 주식정보를 제공하며 많은 투자자들로부터 절대적인 지지를 얻고 있다. 저자는 이 책에 주식 초보자들이 실패하지 않고 주식시장에 오래 남아 있을 수 있도록 꼭 알아야 할 내용들을 아낌없이 담았다. 어휘를 알아야 맥락이 보이는 법이다. 특히나 수익을 내기 위해 공부를 하고 싶은데 어떤 것부터 해야 할지 모르는 사람들이 꼭 읽어야 할 책이다.

성공 주식투자를 위한 네이버 증권 100% 활용법

네이버 증권으로 주식투자하는 법

백영 지음 | 값 25,000원

이 책은 성공적인 주식투자를 위한 네이버 증권 100% 활용법을 알려준다. 주식투자, 어렵게 생각할 것이 없다! 네이버를 통해 뉴스를 접한 후 네이버 증권으로 종목을 찾아 투자하고, 네이버 증권에서 제공하는 차트로 타이밍에 맞춰 매매하면, 그것만으로도 충분하다. 이 책을 통해 현재의 주식시장을 이해하고, 스스로 돈 되는 종목을 찾아 싸게 사서 비싸게 파는 방법을 배우다면 성공 투자로 나아갈 수 있을 것이다.

싸게 사서 비싸게 파는 최강의 실전 트레이딩 스킬

주식 멘토 김현구의 주식 잘 사고 잘 파는 법

김현구 지음 | 값 19,000원

'이데일리TV' '머니투데이' 등의 방송과 유튜브 '김현구 주챙TV'에서 초보투자자들의 코치로 이름을 떨친 주식 전문가 김현구의 첫 책이 출간되었다. 20년 넘게 투자자들의 아픔과 기쁨을 함께 느끼면서 진실한 주식 멘토로 자리매김해온 저자는 이 책에서 매매에 나선 개인투자자들이 알아두어야 할 주식의 기본원칙은 물론 시장파악, 종목발굴, 마인드 세팅 등 실전 매매기술과 관련된 모든 노하우를 공유한다.

언제 진입해 언제 매도할 것인가

무극선생 이승조의 주식투자의 기본

이승조 지음 | 값 19,800원

이 책에는 실전투자 38년의 최고 전문가 무극선생의 투자철학이 담겨 있다. 저자 무극선생 이승조는 "단언컨대 주식시장에 기본은 있지만 비법은 없다"는 진리를 바탕으로 투자를 하는 데 정답은 없으며 '기본기'가 가장 중요함을 강조한다. 주식투자의 제대로 된 마인드부터 매매법까지, 무극선생만의 실전투자 노하우가 100% 담긴 이 책은 많은 독자들이 투자의 기본을 체화하고 투자에 성공해 자신이 원하는 바를 이루도록 도울 것이다.

황족의 한 권으로 끝내는 차트투자

오르는 주식을 사들이는 차트매매법

황족 지음 | 값 19,000원

진정성 있는 주식정보를 제공해 많은 주식 투자자들에게 사랑받는 황족의 두 번째 저서가 출간되었다. 이 책에서는 그동안 저자의 투자 승률을 높여준 60가지 차트매매 기술을 총정리했다. 반드시 알아야 할 주식투자 기초 지식, 주가 흐름의 분석 기준, 종목과 수급의 고찰, 매수·매도 타이밍 잡는 법, 멘탈 관리법 등을 담아낸 이 책을 통해 자신만의 투자법을 정립해나간다면 주식시장 상황이 어떠하든 살아남을 수 있을 것이다.

밀레니얼 주식투자 지침서

주식의 시대, 밀레니얼이 온다

한국경제신문 증권부 지음 | 값 17,000원

이 책은 특별히 개인투자자 중에서도 급부상하고 있는 밀레니얼 투자자들에 주목한다. 한국경제신문 증권부 기자들이 밀레니얼 세대의 성공적인 투자를 돕기 위해, 젊은 투자자들의 생생한 경험담과 노하우, 국내 전설적 투자자들의 조언, 증권업계의 실무 간부들이 들려주는 실천적 지침을 책에 담았다. 자산을 불리기 위한 장기 투자 레이스의 시작점에 선 밀레니얼이라면 반드시 명심해야 할 귀중한 메시지들이 가득한 책이다.

거대한 머니무브는 이미 시작됐다

초버블시대, 주식투자의 미래   김예은 지음 | 값 16,000원

개인의 매수세가 이어지고 산업 구조 변화에 따른 기대감이 나타나면서 KOSPI는 꿈의 지수라 할 수 있는 3000선을 금세 뛰어넘었다. 이 책은 화폐가치가 하락하고 있는 지금 시기에 유동성의 버블에 올라타 자산시장의 가격상승을 누리면서, 이후의 전략을 대비하고 과감하게 행동할 수 있는 방법에 대해 구체적으로 알려준다. 이 책을 통해 기초를 튼튼히 다지고 차분히 리스크를 준비하면 현명한 투자를 할 수 있을 것이다.

우리 시대 투자에 처음 나서는 청춘들을 위한 엄마의 응원 메시지

아들아, 주식투자할 때 이것만은 꼭 기억하렴

권성희 지음 | 값 15,000원

저자에 따르면 주식은 적은 돈으로 자산을 불릴 수 있는 거의 유일한 방법이다. 경제적으로 불운한 시대의 밀레니얼 세대를 위한 늦었지만, 결코 늦지 않은 경제 수업인 셈이다. 성인이 된 아들에게 이야기를 들려주듯 주식투자의 기본 태도와 지식, 투자 요령 등을 쉽게 풀어썼다. 돈과 투자에 대해 무지한 '경제문맹'을 더 이상 대물림할 수 없다는 절박한 엄마의 마음으로 썼다. 경제적 자유를 꿈꾸는 청년들이라면 꼭 읽어야 할 필독서다.

기술이 경제를 이끄는 시대의 투자법

테크노믹스 시대의 부의 지도   박상현·고태봉 지음 | 값 17,000원

테크노믹스란 기술이 경제를 이끄는 새로운 경제적 패러다임이다. 이 책은 사람들의 일상과 경제의 흐름을 완전히 바꿔놓은 코로나 팬데믹 현상을 계기로, 테크노믹스 시대를 전망하고 이를 투자적 관점으로 바라보는 내용을 담고 있다. 현 시대의 흐름을 하나의 경제적 변곡점으로 바라보며 최종적으로 미래의 부가 움직일 길목에 대해 진지하게 고민한 흔적이 담긴 이 책을 통해 투자에 대한 통찰력을 얻을 수 있을 것이다.

무극선생 이승조의 주식시장을 읽는 법

시장근본주의자는 주식시장을 이렇게 읽는다   이승조 지음 | 값 25,000원

머니투데이방송 〈이승조의 TMI〉에서 주식시장의 파동을 정확히 예측해 큰 화제를 모은 무극선생 이승조의 35년 투자 노하우를 담은 책이다. 저자는 현명한 투자를 하려면 미래에 일어날 일을 생각하는 훈련을 통해 직관을 얻고, 그 생각을 바탕으로 시장을 동태적으로 추적하는 과정이 필요하다고 말한다. 시장의 움직임에 대해 자세히 설명하고 있는 이 책이 넘쳐나는 주식정보 시장에서 투자자들이 오래도록 생존하는 데 큰 도움을 줄 것이다.

■ 독자 여러분의 소중한 원고를 기다립니다

메이트북스는 독자 여러분의 소중한 원고를 기다리고 있습니다. 집필을 끝냈거나 집필중인 원고가 있으신 분은 khg0109@hanmail.net으로 원고의 간단한 기획의도와 개요, 연락처 등과 함께 보내주시면 최대한 빨리 검토한 후에 연락드리겠습니다. 머뭇거리지 마시고 언제라도 메이트북스의 문을 두드리시면 반갑게 맞이하겠습니다.

■ 메이트북스 SNS는 보물창고입니다

메이트북스 홈페이지 www.matebooks.co.kr

책에 대한 칼럼 및 신간정보, 베스트셀러 및 스테디셀러 정보뿐만 아니라 저자의 인터뷰 및 책 소개 동영상을 보실 수 있습니다.

메이트북스 유튜브 bit.ly/2qXrcUb

활발하게 업로드되는 저자의 인터뷰, 책 소개 동영상을 통해 책에서는 접할 수 없었던 입체적인 정보들을 경험하실 수 있습니다.

메이트북스 블로그 blog.naver.com/1n1media

1분 전문가 칼럼, 화제의 책, 화제의 동영상 등 독자 여러분을 위해 다양한 콘텐츠를 매일 올리고 있습니다.

메이트북스 네이버 포스트 post.naver.com/1n1media

도서 내용을 재구성해 만든 블로그형, 카드뉴스형 포스트를 통해 유익하고 통찰력 있는 정보들을 경험하실 수 있습니다.

STEP 1. 네이버 검색창 옆의 카메라 모양 아이콘을 누르세요. STEP 2. 스마트렌즈를 통해 각 QR코드를 스캔하시면 됩니다. STEP 3. 팝업창을 누르시면 메이트북스의 SNS가 나옵니다.